本书由
中央高校建设世界一流大学（学科）
和特色发展引导专项资金
资助

中南财经政法大学“双一流”建设文库

创|新|治|理|系|列|

宽严相济刑事政策指导下的附加刑研究

陈 丹 著

长江出版传媒
湖北人民出版社

图书在版编目(CIP)数据

宽严相济刑事政策指导下的附加刑研究/陈丹著.
武汉:湖北人民出版社,2019.12
ISBN 978-7-216-09843-4
Ⅰ.宽… Ⅱ.陈… Ⅲ.刑法—研究—中国 Ⅳ.D924.04
中国版本图书馆CIP数据核字(2020)第018671号

责任编辑:胡 涛
封面设计:陈宇琰
　　　　　张 弦
责任校对:范承勇
责任印制:王铁兵

宽严相济刑事政策指导下的附加刑研究
KUANYANXIANGJI XINGSHI ZHENGCE ZHIDAO XIA DE
FUJIAXING YANJIU
陈丹 著

出版发行: 湖北人民出版社	**地址:**武汉市雄楚大道268号
印刷:武汉首壹印务有限公司	**邮编:**430070
开本:787毫米×1092毫米 1/16	**印张:**11.5
字数:192千字	**插页:**2
版次:2019年12月第1版	**印次:**2019年12月第1次印刷
书号:ISBN 978-7-216-09843-4	**定价:**48.00元

本社网址:http://www.hbpp.com.cn
本社旗舰店:http://hbrmcbs.tmall.com
读者服务部电话:027-87679656
投诉举报电话:027-87679757

总 序

“中南财经政法大学‘双一流’建设文库”是中南财经政法大学组织出版的系列学术图书，是学校“双一流”建设的特色项目和重要学术成果的展现。

中南财经政法大学源起于1948年以邓小平为第一书记的中共中央中原局在挺进中原、解放全中国的革命烽烟中创建的中原大学。1953年，以中原大学财经学院、政法学院为基础，荟萃中南地区多所高等院校的财经、政法系科与学术精英，成立中南财经学院和中南政法学院。之后学校历经湖北大学、湖北财经专科学校、湖北财经学院、复建中南政法学院、中南财经大学的发展时期。2000年5月26日，同根同源的中南财经大学与中南政法学院合并组建“中南财经政法大学”，成为一所财经、政法“强强联合”的人文社科类高校。2005年，学校入选国家“211工程”重点建设高校；2011年，学校入选国家“985工程优势学科创新平台”项目重点建设高校；2017年，学校入选世界一流大学和一流学科（简称“双一流”）建设高校。70年来，中南财经政法大学与新中国同呼吸、共命运，奋勇投身于中华民族从自强独立走向民主富强的复兴征程，参与缔造了新中国高等财经、政法教育从创立到繁荣的学科历史。

“板凳要坐十年冷，文章不写一句空。”作为一所传承红色基因的人文社科大学，中南财经政法大学将范文澜和潘梓年等前贤们坚守的马克思主义革命学风和严谨务实的学术品格内化为学术文化基因。学校继承优良学术传统，深入推进师德师风建设，改革完善人才引育机制，营造风清气正的学术氛围，为人才辈出提供良好的学术环境。入选“双一流”建设高校，是党和国家对学校70年办学历史、办学成就和办学特色的充分认可。“中南大”人不忘初心、牢记使命，以立德树人为根本，以“中国特色、世界一流”为核心，坚持内涵发展，“双一流”建设取得显著进步：学科体系不断健全，人才体系初步成型，师资队伍不断壮大，研究水平和创新能力不断提高，现代大学治理体系不断完善，国际交流合作优化升级，综合实力和核心竞争力显著提升，为在2048年建校百年时，实现主干学科跻身世界一流学科行列的发展愿景打下了坚实根基。

习近平总书记指出：“当代中国正经历着我国历史上最为广泛而深刻的社会变革，也正在进行着人类历史上最为宏大而独特的实践创新。……这是一个需要理论而且一定能够产生理论的时代，这是一个需要思想而且一定能够产生思想的时代。”[①]坚持和发展中国特色社会主义，统筹推进“五位一体”总体布局和协调推进“四个全面”战略布局，实现“两个一百年”奋斗目标、实现中华民族伟大复兴的中国梦，需要构建中国特色哲学社会科学体系。市场经济就是法治经济，法学和经济学是哲学社会科学的重要支撑学科，是新时代构建中国特色哲学社会科学体系的着力点、着重点。法学与经济学交叉融合成为哲学社会科学创新发展的重要动力，也为塑造中国学术自主性提供了重大机遇。学校坚持财经政法融通的办学定位和学科学术发展战略，“双一流”建设以来，以“法与经济学科群”为引领，以构建中国特色法学和经济学学科、学术、话语体系为己任，立足新时代中国特色社会主义伟大实践，发掘中国传统经济思想、法律文化智慧，提炼中国经济发展与法治实践经验，推动马克思主义法学和经济学中国化、现代化、国际化，产出了一批高质量的研究成果，“中南财经政法大学‘双一流’建设文库”即为其中部分学术成果的展现。

文库首批遴选、出版两百余册专著，以区域发展、长江经济带、“一带一路”、创新治理、中国经济发展、贸易冲突、全球治理、数字经济、文化传承、生态文明等十个主题系列呈现，通过问题导向、概念共享，探寻中华文明生生不息的内在复杂性与合理性，阐释新时代中国经济、法治成就与自信，展望人类命运共同体构建过程中所呈现的新生态体系，为解决全球经济、法治问题提供创新性思路和方案，进一步促进财经政法融合发展、范式更新。本文库的著者有德高望重的学科开拓者、奠基人，有风华正茂的学术带头人和领军人物，亦有崭露头角的青年一代，老中青学者秉持家国情怀，述学立论、建言献策，彰显“中南大”经世济民的学术底蕴和薪火相传的人才体系。放眼未来、走向世界，我们正以习近平新时代中国特色社会主义思想为指导，砥砺前行，凝心聚力推进“双一流”加快建设、特色建设、高质量建设，开创“中南学派”，以中国理论、中国实践引领法学和经济学研究的国际前沿，为世界经济发展、法治建设做出卓越贡献。为此，我们将积极回应社会发展出现的新问题、新趋势，不断推出新的主题系列，以增强文库的开放性和丰富性。

“中南财经政法大学‘双一流’建设文库”的出版工作是一个系统工程，它的推进得到相关学院和出版单位的鼎力支持，学者们精益求精、数易其稿，付出极大辛劳。在此，我们向所有作者以及参与编纂出版工作的同志们致以诚挚的谢意！

因时间所囿，不妥之处还恳请广大读者和同行包涵、指正！

中南财经政法大学校长 杨灿明

---

① 习近平：《在哲学社会科学工作座谈会上的讲话》，2016 年 5 月 17 日。

摘 要

附加刑具有独特的预防犯罪的功能、补充主刑不足的功能、防止刑罚过剩的功能以及实现刑罚经济性的功能，因而是我国刑罚体系中不可或缺的一部分。研究附加刑对完善我国刑罚体系至关重要。刑事政策是刑法的灵魂与核心，附加刑作为刑法的一部分要接受刑事政策的指导。宽严相济刑事政策是我国的基本刑事政策，附加刑的制定、适用和执行都要贯彻宽严相济刑事政策的基本要求。附加刑对宽严相济刑事政策的贯彻有两方面的体现，一是具体附加刑刑种的设置、适用和执行要符合宽严相济刑事政策的基本要求，二是附加刑整体的设置也要有利于宽严相济刑事政策的实现。附加刑中宽严相济刑事政策的贯彻并不容易。就具体附加刑刑种而言，纵向上需要在立法、司法与执行三个方面，横向上需要在适用范围、适用方式、数额（刑期）等多方面贯彻宽严相济刑事政策基本精神。附加刑在纵向和横向上只有部分符合宽严相济刑事政策的要求都不算真正贯彻了宽严相济刑事政策，只有纵向、横向都实现了宽严相济刑事政策的基本要求，才算真正贯彻了宽严相济刑事政策。因此需要对具体附加刑刑种从纵向和横向进行全面审视，找出其中违背宽严相济刑事政策的地方，然后以宽严相济刑事政策为指导进行完善。附加刑整体对宽严相济刑事政策的贯彻很大程度上依赖于附加刑刑种的设置。推进附加刑整体对宽严相济刑事政策的贯彻需要进一步丰富我国附加刑种类。除了导论外，本书共有五章，各章主要内容如下。

第一章“宽严相济刑事政策与附加刑”。本章的主要目的在于确立本书的研究视角和框定本书的研究对象。本章分为两节。第一节对刑事政策的概念、宽严相济刑事政策的概念、宽严相济刑事政策的重点以及宽严相济刑事政策的定位进行了概括性梳理，指明宽严相济刑事政策中“刑事政策”概念不同于西方国家的刑事政策概念。第二节对宽严相济刑事政策与附加刑的关系进行了梳理。

宽严相济刑事政策与附加刑的关系可分为一般关系和特殊关系。宽严相济刑事政策与附加刑的关系遵循政策与法律的关系、刑事政策与刑法的关系以及刑事政策与刑罚的关系。附加刑在实现宽严相济刑事政策“宽”“严”“济”等各方面都有积极的意义。

第二章“宽严相济刑事政策指导下的罚金刑”。本章分为三节。第一节对我国罚金刑的历史演变进行了梳理。我国罚金刑最早起源于原始社会时期的“赎刑”，后经过奴隶社会、封建社会、革命战争时期、新中国成立初期、1979年刑法、1997年刑法等多个阶段的演变，最终形成了目前我国刑法中的规定。第二节以宽严相济刑事政策为视角对我国罚金刑进行了审视，找出其中存在的问题。我国罚金刑违背宽严相济刑事政策的地方主要表现为：罚金适用方式中存在“该宽没宽”“不该严而严”现象；罚金数额中存在“宽严失衡”现象；罚金执行中存在“该宽没宽”“该严没严”现象。第三节以宽严相济刑事政策为指导提出完善我国罚金刑的建议。这些完善建议包括：增加单处罚金立法规定，提高单处罚金司法适用，改革“必并制”罚金为“得并制”罚金；借鉴美国经验构建一个普遍适用性、灵活性与稳定性兼具的罚金数额标准；从罚金裁量阶段和罚金执行阶段充实罚金“从严”执行制度，改革罚金“从宽”执行制度。

第三章“宽严相济刑事政策指导下的没收财产刑”。本章分为三节。第一节对我国没收财产刑的历史演变进行了梳理。我国没收财产刑经历了奴隶社会、封建社会、革命战争时期、新中国成立初期、1979年刑法以及1997年刑法等经过多个发展阶段的演变，最终形成了当前的规定。从历史角度来看，我国没收财产刑发挥着比罚金刑更大的打击和预防犯罪的作用。第二节以宽严相济刑事政策为视角对我国没收财产刑进行了审视，找出其中存在的问题。我国没收财产刑违背宽严相济刑事政策的地方主要表现为：没收财产刑适用方式中存在“明严实宽”“宽严失衡”现象；没收财产刑裁量中存在“明严实宽”“宽严失衡”现象；当前没收财产刑与罚金刑轻重关系定位下存在“宽严失衡”现象。第三节以宽严相济刑事政策为指导提出完善我国没收财产刑的建议。这些完善建议包括：理性审视没收财产刑与罚金刑轻重关系；将“必并制”没收财产刑适用方式改为没收财产刑与罚金刑选处适用方式；缩小没收财产刑适用范围；采用“先调查，后裁量”的没收财产刑裁量程序。

第四章“宽严相济刑事政策指导下的剥夺政治权利刑”。本章分为三节。第一节对我国剥夺政治权利刑的历史演变进行了梳理。剥夺政治权利刑是民主发展到一定阶段的产物。我国剥夺政治权利经历了从仅作为刑罚方法到同时作为专政措施和刑罚方法再到作为刑罚方法同时具有浓厚政治色彩的历史演变。第二节以宽严相济刑事政策为视角对我国剥夺政治权利刑进行了审视，找出其中存在的问题。我国剥夺政治权利刑违背宽严相济刑事政策的地方主要表现为：“可以剥夺政治权利”的适用范围存在“宽严不统一”“宽严失衡”现象；剥夺政治权利刑刑期存在“宽严不统一”“宽严失衡”现象；剥夺政治权利执行中存在“不该严而严”现象。第三节以宽严相济刑事政策为指导提出完善我国剥夺政治权利刑的建议。这些完善建议包括：将剥夺政治权利刑的适用范围统一在被判处 10 年以上有期徒刑的犯罪分子中；将剥夺政治权利刑的刑期细化为五个量刑档次；明确剥夺政治权利刑的执行重点，采取多种更加宽松的执行措施，构建剥夺政治权利刑执行保障制度和执行激励机制。

第五章“宽严相济刑事政策指导下附加刑种类之扩展”。本章分为两节。第一节对我国附加刑种类扩展的必要性进行了探讨。宽严相济刑事政策“宽”“严”两个方面都对进一步丰富我国附加刑种类提出了需求。第二节对如何扩展我国附加刑种类进行了具体构想。主要包括：明确当前我国刑法中存在的不具有附加刑之名、却发挥着附加刑作用的处罚措施的附加刑地位，涉及驱逐出境、职业禁止、禁止令；增加以犯罪单位为适用对象的附加刑；对我国历史上存在的部分附加刑以及其他国家存在的附加刑对于丰富当前我国附加刑体系的价值进行了评价，主要涉及剥夺亲权。

目　录

导　论

附加刑作为一类刑罚方法具有独特的功能。首先，附加刑具有独特的预防功能。附加刑中的财产刑能够削弱甚至消除犯罪分子再犯的物质基础，让犯罪分子无利可图，对于贪利型犯罪极具特殊预防价值；附加刑中的资格刑能够限制甚至消除犯罪分子再犯罪依赖的某种资格，对利用资格进行的犯罪极具特殊预防价值。其次，附加刑具有补充主刑的功能。这是附加刑特殊预防功能的延伸。主刑虽然严厉，但却缺乏一些特殊预防功能，附加刑恰好可以弥补主刑的不足。再次，附加刑具有防止刑罚过剩的功能。对于一些轻微的犯罪，适用主刑可能导致刑罚过剩，单独适用附加刑中一些轻缓、开放的刑罚，既能实现犯罪的打击和预防，又不至使刑罚过剩。再次，附加刑具有实现刑罚经济性的功能。附加刑具有非监禁性特点，执行比主刑更加经济，而且诸如财产刑之类的附加刑还能直接增加国库收入。附加刑具有的诸多功能表明其不仅不是可有可无的，而且是我国刑罚体系中不可或缺的一部分。研究附加刑对于完善我国刑罚体系至关重要。

刑事政策是刑法的灵魂和核心[①]，刑法的制定、适用和执行都要贯彻刑事政策的基本精神。附加刑作为刑法的重要组成部分，当然也要贯彻刑事政策的基本精神。当前我国的基本刑事政策是宽严相济刑事政策，刑事领域的各个方面都要贯彻宽严相济刑事政策的基本精神，附加刑也不例外。附加刑对宽严相济刑事政策的基本精神的贯彻有两个大的方面：一是每一种附加刑刑种的制定、适用和执行都要体现宽严相济刑事政策的基本要求；二是作为一个整体，附加刑体系的设置也要有利于宽严相济刑事政策的实现。只有每一种附加刑刑种与整个附加刑体系都实现了宽严相济刑事政策的基本要求，才算是在附加刑中真正贯彻了宽严相济刑事政策基本精神。

一、问题的提出

虽然宽严相济刑事政策的内涵一般被简洁地概括为“该严则严，当宽则宽；严中有宽，宽中有严；宽严有度，宽严审时”[②]二十四个字，但是真正要在附加

① 参见卢建平：《刑事政策与刑法关系论纲》，《法治研究》2011 年第 5 期。
② 参见马克昌：《宽严相济刑事政策刍议》，《人民检察》2006 年第 10 期。

刑中实现这二十四个字并不容易。

（一）具体附加刑刑种中宽严相济刑事政策的贯彻

【案例1】被告人奉某，年满80周岁，系五保户，因生活困难，2014年开始在自己家中多次容留妇女卖淫，并提供房间、床铺、脸盆、桶、毛巾和热水等，每次收取卖淫女5元钱作为报酬。2015年7月28日上午10时许，奉某与在其家中卖淫的妇女被公安机关当场抓获。法院经查认为，奉某的行为已经构成容留卖淫罪，鉴于奉某当庭认罪，态度良好，并且奉某系五保户，因补贴生活走上犯罪道路，犯罪情节较轻，遂判处奉某有期徒刑1年，缓刑2年，并处罚金5000元。

罚金具有通过剥夺犯罪分子财产以使犯罪分子感觉无利可图或者削弱其犯罪的物质基础从而达到预防犯罪的作用。我国刑法为了在贪利型犯罪中将罚金刑这种特殊预防作用发挥到极致，在绝大多数贪利型犯罪中都采用了“必并制”罚金适用方式（即只要构成犯罪就必须并处罚金的适用方式），以保证贪利型犯罪中罚金刑的司法适用率，达到严厉打击和预防贪利型犯罪的作用。“必并制”罚金适用方式体现了宽严相济刑事政策之“严”。

但是本案中是否有必要对被告人并处罚金以体现刑罚的严厉性呢？首先，本案案发时正在施行的最高人民法院《关于常见犯罪的量刑指导意见》（2014年1月1日开始实施，2017年4月1日被废止）指出“对犯罪情节较轻的犯罪，应当充分体现从宽”。本案被告人容留妇女卖淫的场所是自己家中并非专门的营利场所，每次收取的报酬很低，只有5元钱，从被告人开始实施犯罪行为到被公安机关抓获的时间间隔并不长，而且被告人事后认罪态度良好，这些都说明被告人犯罪情节较轻。那么，对犯罪情节较轻的被告人并处罚金是否充分体现“从宽”精神呢？其次，被告人因为生活困难才实施容留妇女卖淫的行为，主观恶性不深。对主观恶性不深的被告人并处罚金是否有必要呢？再次，《刑法修正案（八）》出于人道主义考虑规定对年满75周岁的人故意犯罪的可以从轻或者减轻处罚。本案被告人为年满80岁的高龄老人，案发时间在《刑法修正案（八）》颁布之后，对被告人并处罚金是否符合刑法对老年人犯罪“从宽”处罚的基本立场呢？是否违背了刑罚人道主义原则呢？又次，法院判处被告人的主刑刑期较短，只有 1 年有期徒刑而且还是缓刑。在主刑较轻的情形下并处被告人罚金是否体现了附加刑与主刑的轻重对应关系呢？最后，并处罚金的目的之一是通过剥夺犯罪分子财产使其感到无利可图或者削弱其物质基础以达到犯罪预防的效果。本案中被告人本身就是五保户，生活困难，缺乏缴纳罚金的能力，那么对被告人并处罚金是否能够达到罚金刑的目的，实现罚金刑之“严”呢？如果法官综合考虑各方面的情况，认为本案被告人不应当并处罚金，但是刑法又规定容留卖淫罪必须并处罚金，那么这种矛盾应该如何调和呢？

【案例 2】被告人王某与吴某为贩卖毒品罪共犯，2011 年 10 月某市中级人民法院对王某、吴某作出判决。王某因贩卖毒品罪被判处无期徒刑，剥夺政治权利终身，并处没收个人全部财产；吴某因贩卖毒品罪被判有期徒刑 15 年，并处罚金 5 万元。2014 年 12 月某市中级人民法院立案执行王某、吴某刑事判决中的财产刑判决。法院调查证实王某没有可供执行的个人财产，吴某有银行存款 18682.59 元。法院划扣吴某的所有存款后裁定终结此案中财产刑的执行。

根据《刑法》第 347 条的规定，贩卖毒品罪中情节最严重的犯罪分子将被处以 15 年以上有期徒刑、无期徒刑或死刑，并处没收财产；下一个情节的犯罪分子将被处以 7 年以上有期徒刑，并处罚金。没收财产刑与最严重情节搭配表明刑法对没收财产刑严厉性的认可，也体现对严重犯罪的“从严”处罚的态度。

案例 2 中被告人王某与吴某是贩卖毒品罪的共犯，王某因罪行更加严重被判处无期徒刑并处没收全部财产，吴某罪行相对较轻被判处有期徒刑 15 年并处罚金 5 万元。从判决来看，法院对王某的附加刑处罚比对吴某的附加刑处罚严厉。但是后来法院调查得知王某没有个人财产，对王某的没收财产无法得到执行，而吴某有银行存款 18682.59 元，部分罚金得以执行。这就出现了罪行更重的王某被剥夺的财产实际上还没有罪行更轻的吴某被剥夺的财产多的现象。

本案中法院完全是按照《刑法》的规定适用的没收财产刑，但是为什么最后没收财产刑反而还不及罚金刑严厉了呢？这引发我们思考：没收财产刑真的比罚金刑更加严厉吗？对最严重的犯罪适用没收财产刑真的能够实现“从严”处罚吗？对于类似本案的情形，是不是判处犯罪分子罚金刑比判处没收财产刑更能实现刑罚的严厉性呢？

【案例 3】被告人李某、郑某、王某、陈某均系聋哑人，2017 年 3 月 15 日凌晨被告人李某因与被害人发生争执，用拳脚击打被害人面部，致其受伤。当日下午 18 时许，被告人李某在被告人郑某、王某、陈某的帮助下，用汽车将受伤的被害人运至约 30 里外他市某小卖铺旁离开，并在回途中烧毁被害人衣物，被害人因没有得到及时救治于次日凌晨死亡。法院审理认为四名被告人均构成故意杀人罪，四名被告均系聋哑人，可以从轻处罚，遂分别判处四名被告人有期徒刑 12 年，并处剥夺政治权利 4 年；有期徒刑 7 年，并处剥夺政治权利 2 年；有期徒刑 5 年，并处剥夺政治权利 1 年；有期徒刑 5 年，并处剥夺政治权利 1 年。

【案例 4】2014 年 8 月 25 日，被害人因欠被告人杨某人民币 2 万元一直未归还，被杨某伙同本案被告人罗某、龙某、代某开车带至某武警靶场对其进行殴打，其间杨某用砖头击打了被害人头部，被害人被打后称要到亲戚家借钱还给杨某，但在去的路上被害人称拿不出钱，杨某再次与代某、罗某、龙某对被害人实施殴打，杨某用石头砸被害人头面部致其当场死亡。法院审理认为四名被告人均构成故意杀人罪，分别判处四名被告人无期徒刑，并处剥夺政治权利终身；有期徒刑 10 年；有期徒刑 8 年；有期徒刑 4 年。

根据《刑法》第 56 条规定，对于故意杀人等严重破坏社会秩序的犯罪分子可以剥夺政治权利。案例 3 和案例 4 都是故意杀人案件，但是两案中剥夺政治权利刑的适用却存在较大的差异。首先，从案情经过可以看出，案例 3 中的四名被告人对被害人的死亡结果持间接故意的主观心态，案例 4 中的四名被告人对被害人的死亡结果持直接故意的主观心态，因此案例 4 中被告人主观恶性应当比案例 3 中被告人的主观恶性更深，但是为什么法院对主观性相对较小的案例 3 中的全部被告人附加剥夺了政治权利，而对于主观恶性更深的案例 4 中的被告人（主要指罗某、龙某、代某）没有附加剥夺政治权利呢？其次，案例 3 中被告人郑某的主刑为 7 年有期徒刑，案例 4 被告人罗某的主刑为 10 年有期徒刑，郑某的主刑比罗某的主刑轻；案例 3 中被告人王某和被告人陈某的主刑为 5 年有期徒刑，案例 4 中被告人龙某的主刑为 8 年有期徒刑，王某和陈某主刑比龙某主刑轻。但是为什么法院对主刑更轻的郑某、王某和陈某附加了剥夺政治权利，而对主刑更重的罗某和龙某没有附加刑剥夺政治权利呢？再次，案例 3 中四个被告人都是聋哑人，属于酌定从宽处罚的犯罪主体，案例 4 中四个被告人是正常的成年人，不属于从宽处罚的犯罪主体，但是为什么法院对于可以从宽处罚的案例 3 中的所有被告人并处了剥夺政治权利，对不具备从宽处罚情形的案例 4 中的被告人（主要指罗某、龙某、代某）则没有并处剥夺政治权利呢？

这两个案件中剥夺政治权利的适用差异引发我们进一步思考：《刑法》第 56 条规定可以剥夺政治权利的“严重破坏社会秩序的犯罪”中“严重”的标准是什么？是仅指性质严重呢？还是情节严重呢？抑或是既指性质严重又指情节严重呢？怎样才能统一对“严重”标准的把握，实现司法“宽严”统一呢？

前述案例中所涉及的问题只是具体附加刑刑种贯彻宽严相济刑事政策所要解决的部分问题。附加刑纵向上有立法、司法和执行三个层次，横向上涉及适用范围、适用方式、刑期（数额）等多方面。附加刑只有在每一个层次和每个方面都实现了宽严相济刑事政策的基本要求，才算真正贯彻了宽严相济刑事政策。因此笔者才说在附加刑中贯彻宽严相济刑事政策是复杂的。

附加刑中宽严相济刑事政策贯彻的复杂性要求我们从纵向和横向全面审视当前我国的附加刑，找出其中违背宽严相济刑事政策的地方，并且以宽严相济刑事政策为指导，从纵向和横向上加以解决，推进附加刑中宽严相济刑事政策的实现。需要审查和解决的问题具体包括：罚金刑横向上存在哪些违背宽严相济刑事政策的地方？这些问题在纵向上属于立法问题、司法适用问题还是执行问题？怎样解决这些问题？是从立法入手，还是从司法适用抑或是执行入手？解决这些问题有什么困难？是否有国外的经验可以借鉴？没收财产刑横向上存在哪些违背宽严相济刑事政策的地方？这些问题在纵向上属于立法问题，司法适用问题还是执行问题？怎样解决这些问题？是从立法入手、司法适用入手还是执行入手？是否存在理念上的问题？如何树立正确的理念？剥夺政治权利刑在横向上存在哪些违背宽严相济刑事政策的地方？这些问题在纵向上属于立法问题、司法问题还是执行问题？怎样解决这些问题？是从立法入手，司法适用入手还是执行入手？这些问题都是本书将要回答的。

（二）附加刑体系对宽严相济刑事政策的贯彻

附加刑体系由不同的附加刑刑种组成，附加刑体系能否实现宽严相济刑事政策的基本要求与附加刑种类的选择有直接的关系。附加刑要实现对犯罪的打击和预防，体现宽严相济刑事政策之“严”，需要有丰富的附加刑种类作为支撑。与主刑相对应，附加刑要在整个刑罚体系中扮演好“宽”的角色，也需要有丰富的附加刑种类作为支撑。

那么，当前我国附加刑种类是否能够满足实现宽严相济刑事政策的需求呢？如果不能满足需求就需要对附加刑种类进行扩展。怎样对附加刑种类进行扩展呢？哪些处罚措施可以被纳入我国附加刑体系中呢？我国刑法中是否存在一些不具有附加刑之名却实质扮演着附加刑角色的处罚措施呢？对于这些措施是维持刑法规定现状还是明确其附加刑地位呢？哪些处罚措施可以成为专门针对犯罪单位的附加刑呢？以剥夺荣誉为内容的处罚是否具有成为附加刑的价值呢？我国历史上存在过的一些附加刑对于丰富当前我国现行附加刑体系是否有价值呢？我国其他法律中存在的一些具有资格刑性质的惩罚措施是否有上升为附加刑的必要？其他国家中的附加刑种类或者类似附加刑的处罚措施对于丰富我国附加刑体系是否有借鉴意义呢？这些问题也是本书将要回答的。

二、关于本选题的研究现状

（一）研究现状简介

目前学界从整体上对附加刑进行的研究并不多。笔者以“附加刑”为篇名或者题名在中国知网上进行搜索，共搜到文献 73 篇，其中期刊论文 42 篇，报纸 27 篇，学位论文 4 篇，其中博士论文 1 篇，硕士论文 3 篇。笔者以“附加刑”为题名在万方数据库上搜索，结果与在中国知网上的结果相似，万方数据库显示以“附加刑”为题名的研究有 67 篇，其中期刊论文 61 篇，学位论文 6 篇。两个数据的文章存在大量重合。从研究数量来看，对附加刑整体的研究比较少。

在这些从整体上对附加刑进行的研究中，较为全面和系统的研究目前只有王洪青撰写的博士学位论文以及出版的同名专著《附加刑研究》。王洪青在其文章中对附加刑的概念进行了界定，并且对国外附加刑种类进行了大量的整理，为后人的研究提供了较为丰富的素材，随后其分财产刑和资格刑两大部分对附加刑进行了较为全面和系统的研究，也对实践中的一些问题进行了探讨，具有一定的参考价值。

学界关于附加刑的研究主要集中在对单个附加刑刑种的研究上。笔者分别以“罚金刑”“没收财产刑”以及“剥夺政治权利刑”为篇名或题名在中国知网和万方数据库中进行搜索。两个数据显示的结果分别是：在中国知网上，罚金刑研究有875篇，其中期刊论文548篇，报纸154篇，学位论文173篇，其中博士论文6篇，硕士论文167篇；没收财产刑研究有94篇，其中期刊论文60篇，报纸5篇，学位论文共29篇，其中博士论文2篇，硕士论文27篇；剥夺政治权利刑研究有188篇，其中期刊论文131篇，报纸44篇，硕士学位论文12篇，会议论文1篇，无博士学位论文。万方数据库上，罚金刑研究有881篇，期刊论文638篇，学位论文226篇，会议论文17篇；没收财产刑研究有66篇，其中期刊论文54篇，学位论文12篇；剥夺政治权利刑研究有46篇，其中期刊论文34篇，学位论文12篇。两个数据库的搜索结果除了在剥夺政治权利刑上差异明显外，罚金刑与没收财产刑的搜索结果基本相同。从研究数量来看，单个附加刑刑种的研究要比对附加刑整体的研究多很多。在单个附加刑中，罚金刑的研究最为丰富，没收财产刑和剥夺政治权利刑的研究比较薄弱。

对单个的附加刑刑种进行研究中，具有代表性的研究有孙力著的《罚金刑研究》、邵维国著的《罚金刑论》、王琼著的《罚金刑实证研究》、万志鹏著的《没收财产刑研究》，关于剥夺政治权利刑至今尚未有博士学位论文或者专著进行专门研究。

除了上面两种研究形式外，还有两种附加刑研究形式：一种是根据刑罚剥夺的内容将刑罚划分为财产刑、资格刑等，将附加刑的研究分解在这些类型的刑罚的研究中，其中代表性的研究有马登民著的《财产刑研究》、林燕焱撰写的博士论文《财产刑适用的实证分析》、吴平著的《资格刑研究》、尹晓闻所撰写的博士论文《我国资格刑制度完善研究》、张珊珊所撰写的博士论文《资格刑设置研究》等。我国具有代表性的刑罚学专著，如马克昌主编的《刑罚通论》、邱兴隆与许章润所著的《刑罚学》、陈兴良所著的《刑种通论》等也是按照刑罚的内容对刑罚进行了生命刑、自由刑、财产刑、资格刑等划分，其中财产刑与资格刑部分涉及对附加刑的研究。另一种是我国通行的刑法教科书对附加刑的研究模式，将附加刑作为刑罚体系的组成部分进行研究，我国有代表性的刑法教科书比如高铭暄、马克昌主编的《刑法学》、齐文远主编的《刑法学》、张明楷所著《刑法学》等都采取了这种研究形式。但是这种形式的附加刑研究虽然能够涵盖所有附加刑刑种，但是由于附加刑研究只是刑罚体系研究中很小的一部分，在广度和深度上都显得不足。

域外国家和地区关于附加刑的研究，至少从国内流行的有关研究来看，少有专门研究附加刑的专著，原因在于很多国家并不区分主刑与附加刑，在采取主附加刑刑罚模式的国家中比如日本、法国也少有对附加刑进行专门的整体研究，这些国家对附加刑的研究主要在其刑法教科书中刑罚体系部分有涉及，比如西田典之所著的日本刑法教科书《日本刑法总论》、卡斯东·斯特法尼等著的法国刑法教科书《法国刑法总论精义》在刑罚体系部分对附加刑进行了论述，但这些论述基本是介绍性的论述，缺乏深度的探讨分析。

从研究角度来看，目前从宽严相济刑事政策角度对附加刑进行的研究十分少见，甚至从宽严相济刑事政策角度对整个刑罚进行的研究都很少，有少部分死刑研究是从宽严相济刑事政策角度出发的。笔者在中国知网上进行了 6 种形式的搜索，第一种以“宽严相济刑事政策 附加刑”为篇名，搜索结果显示 0。第二种以“宽严相济刑事政策 罚金刑”为篇名，共搜到 5 个研究成果，其中 4 篇期刊论文，1 篇硕士学位论文。第三种以“宽严相济刑事政策　没收财产刑”为篇名，仅搜到 1 篇硕士学位论文。第四种以“宽严相济刑事政策　剥夺政治权利刑”为篇名搜索，结果显示为 0。第五种以“宽严相济刑事政策 刑罚”为篇名，共搜到相关文章 33 篇，其中期刊论文 27 篇，会议论文 2 篇，报纸 1 篇，硕士学位论文 3 篇。第六种以“宽严相济刑事政策 死刑”为篇名，搜到 24 个研究成果，其中期刊论文 17 篇，报纸 1 篇，硕士学位论文 6 篇。所有搜索中均无博士学位论文。

这种现状似乎说明多数刑法研究者并不关注刑事政策与刑罚的关系。但是一国的基本刑事政策既然指导该国的刑法立法、司法和执行，刑罚立法、司法适用和执行当然受刑事政策的指导。笔者认为可以且应当以刑事政策为视角对附加刑进行审视。在阅读了郭理蓉所撰写的博士论文以及所著的同名专著《刑罚政策研究》和卢建平为该书所做之序（卢建平和郭理蓉都指出刑事政策的核心是刑罚政策，刑罚政策指导刑罚的设置和运行）以及储槐植所著《刑罚现代化：刑法修改的价值定向》（储槐植指出刑罚集中反映国家对犯罪的态度和刑事政策）一文后，笔者更加坚定了从宽严相济刑事政策角度研究附加刑的想法。

（二）具体学术观点

1. 关于罚金刑的学术观点

本研究涉及的罚金刑问题主要包括罚金适用方式、罚金数额以及罚金执行，此处仅对学界关于这三方面的研究进行梳理。

关于罚金适用方式的研究：对于罚金适用方式存在的问题，学界存在较为统一的共识，认为我国罚金适用方式僵硬，主要表现为“必并制”罚金过于绝对。[①]也有学者认识到我国单处罚金规定少，不利于实现刑罚轻缓化[②]；纯粹的单处罚金过于绝对[③]。对于罚金适用方式的完善，则有不同的观点：在“必并制”罚金上，有学者认为应当减少“必并制”罚金[④]；有学者认为应当完全取消“必并制”罚金[⑤]；还有人主张增加“必并制”罚金[⑥]。在单处罚金上，有学者认为我国不应当增设纯粹的单处罚金规定[⑦]；有学者则认为可以扩大单处罚金的适用范围[⑧]。可见，学界对于罚金适用方式的完善还存在争议。

关于罚金数额的研究：对于罚金数额存在的问题，学界也有较为普遍的认识，主要是无限额罚金缺乏数额标准，导致司法适用不统一。[⑨]对于罚金数额标准的完善，多数学者都主张以限额罚金为主，对于无限额罚金，则有不同的主张，一些学者认为应当取消无限额罚金[⑩]，一些学者认为应当减少无限额罚金[⑪]。但是对于限额罚金数额标准如何确立，只有少数学者论及而且是一些较为笼统的标准。比如有学者主张以犯罪分子的工资水平的倍数或者比例来确定罚金数额，对不同适用方式的罚金设置不同的数额标准。[⑫]也有个别研究者对罚金数额标准提出了较详细的标准，将限额罚金划分为 1 万～ 2 万元，2 万～ 5

---

① 参见高铭暄、孙晓：《宽严相济刑事政策与罚金刑改革》，《法学论坛》2009 年第 2 期；韩轶：《对必并制罚金刑立法的思考》，《法商研究》2000 年第 5 期；卢小毛：《罚金刑：困境与出路》，《南京审计学院学报》2008 年第 1 期。

② 参见李洁：《罚金刑适用若干问题研究》，《吉林大学社会科学学报》2000 年第 5 期。

③ 参见卢小毛：《罚金刑的立法发展与缺陷》，《江苏警官学院学报》2003 年第 2 期。

④ 参见韩轶：《对必并制罚金刑立法的思考》，《法商研究》2000 年第 5 期；卢小毛：《罚金刑：困境与出路》，《南京审计学院学报》2008 年第 1 期。

⑤ 参见刘明祥：《论解决罚金刑执行难题的立法途径》，《法学家》2009 年第 2 期。

⑥⑦ 参见邓文莉：《罚金刑配置模式之研究》，《法治评论》2008 年第 4 期。

⑧⑪ 参见高铭暄、孙晓：《宽严相济刑事政策与罚金刑改革》，《法学论坛》2009 年第 2 期。

⑨ 参见高铭暄、孙晓：《宽严相济刑事政策与罚金刑改革》，《法学论坛》2009 年第 2 期；卢小毛：《罚金刑：困境与出路》，《南京审计学院学报》2008 年第 1 期；李洁：《罚金刑适用若干问题研究》，《吉林大学社会科学学报》2000 年第 5 期。

⑩ 参见卢小毛：《罚金刑：困境与出路》，《南京审计学院学报》2008 年第 1 期。

⑫ 参见李洁：《罚金刑适用若干问题研究》，《吉林大学社会科学学报》2000 年第 5 期；李洁：《罚金刑之数额规定研究》，《吉林大学社会科学学报》2002 年第 1 期。

万元，5 万～ 10 万元，10 万～ 20 万元，20 万～ 50 万元 5 个刑格。[①]

关于罚金执行的研究：罚金执行难是学界公认的罚金执行问题。罚金执行难的原因在于强制缴纳和随时追缴缺乏保障制度，因此难以发挥作用。[②] 对罚金减免制度，学者认为减免制度范围较窄。[③] 对于罚金执行的完善，有多种建议，主要包括增设罚金保障制度，构建罚金易科制度、罚金行刑时效制度、罚金缓刑制度、审前保证金制度等。[④] 但是也有学者对其中的建议表示不赞同，比如有人反对罚金易科制度[⑤]，有人反对保证金制度[⑥]。可见，关于罚金执行的完善还存在争议。

2. 关于没收财产刑的学术观点

本研究涉及的没收财产刑问题主要包括没收财产刑的适用方式、没收财产刑的适用范围、没收财产刑的裁量以及没收财产刑与罚金刑的关系问题。此处仅对学界关于这四方面的研究进行梳理。

关于没收财产刑的适用方式的研究：对于没收财产适用方式存在的问题，学界普遍认识到"必并制"没收财产导致的没收财产刑"空判"现象。[⑦] 对完善没收财产刑适用方式，则有不同主张，有人主张采取"得并制"没收财产刑[⑧]，有人主张采取没收财产与罚金选处适用方式[⑨]。关于没收财产适用方式完善问题还没有统一定论。

关于没收财产刑适用范围的研究：对于没收财产刑适用范围存在的问题少有研究。少数学者认为没收财产刑的适用范围太滥，过于严厉。[⑩] 对于没收财产

---

① 参见王洪青：《附加刑研究》，上海社会科学院出版社 2009 年版，第 64 ～ 65 页。

② 参见钱叶六：《论中国罚金刑的改革与完善——以探寻罚金刑执行难之解决方案为视角》，《法学论坛》2006 年第 4 期；参见刘明祥：《论解决罚金刑执行难题的立法途径》，《法学家》2009 年第 2 期。

③ 参见吴宗宪：《中国刑罚改革论（下册）》，北京师范大学出版社 2011 年版，第 503 页。

④ 参见钱叶六：《论中国罚金刑的改革与完善——以探寻罚金刑执行难之解决方案为视角》，《法学论坛》2006 年第 4 期；参见刘明祥：《论解决罚金刑执行难题的立法途径》，《法学家》2009 年第 2 期；左坚卫、阴建峰：《论我国罚金刑执行制度的完善》，《四川警官高等专科学校学报》2006 年第 4 期；史丹如：《罚金刑执行的改革问题探究》，《中国人民公安大学学报（社会科学版）》2012 年第 6 期。

⑤ 参见于志刚：《关于罚金刑易科制度的批判性思考》，《法学评论》2008 年第 2 期。

⑥ 参见卢小毛：《罚金刑：困境与出路》，《南京审计学院学报》2008 年第 1 期。

⑦ 参见蒋兰香：《论没收财产刑的立法完善》，《政法学刊》2001 年第 1 期；刘志伟：《完善没收财产刑执行制度的若干建议》，《中州学刊》2006 年第 2 期。

⑧ 参见蒋兰香：《论没收财产刑的立法完善》，《政法学刊》2001 年第 1 期。

⑨ 参见刘志伟：《完善没收财产刑执行制度的若干建议》，《中州学刊》2006 年第 2 期。

⑩ 参见蒋兰香：《论没收财产刑的立法完善》，《政法学刊》2001 年第 1 期；张洪成：《中国没收财产制度的困境与出路》，《大连海事大学学报（社会科学版）》2013 年第 4 期。

适用范围的完善，学者则主张应当限制在有期徒刑为 15 年以上的情形。[①]

关于没收财产刑裁量的研究学界则基本没有涉及。

关于没收财产刑与罚金刑关系的研究，多数学者都认为没收财产刑是比罚金刑重的刑罚方法。[②] 也有个别学者认识到我国对没收财产刑的严厉性存在幻想，导致罚金刑与没收财产刑宽严失衡现象[③]，但是对于如何理性看待没收财产刑与罚金刑的关系该学者则没有涉及。

3. 关于剥夺政治权利刑的学术观点

本研究涉及的剥夺政治权利刑问题主要包括剥夺政治权利的适用范围、剥夺政治权利刑的刑期以及剥夺政治权利刑的执行问题。此处仅对学界关于这三方面的研究进行梳理。

对于可以剥夺政治权利刑的适用范围的研究：学界关于可以剥夺政治权利的适用范围曾经有一个争议焦点，那就是对于《刑法》第 56 条中的“等”是指句末煞尾词还是表示省略，两种理解下“可以剥夺政治权利”的范围会不同。关于这个问题的争论随着相关司法解释的出台得以平息，司法解释持后一种理解。但是对于《刑法》第 56 条中存在的另一个模糊之处则只有少部分学者予以了关注，这个模糊之处是“严重”一词。对此，有学者提出了 10 年以上有期徒刑的情形为“严重”情形的主张。[④]

对于剥夺政治权利刑期的研究，多数研究涉及管制、缓刑、假释情形中剥夺政治权利刑的刑期以及数罪并罚中剥夺政治权利的刑期问题。[⑤] 对于剥夺政治权利刑期量刑幅度问题则基本没有涉及。

关于剥夺政治权利刑执行的研究：对于剥夺政治权利刑执行存在的问题，

---

① 参见蒋兰香：《论没收财产刑的立法完善》，《政法学刊》2001 年第 1 期；张洪成：《中国没收财产制度的困境与出路》，《大连海事大学学报（社会科学版）》2013 年第 4 期。

② 参见齐文远主编：《刑法学》，北京大学出版社 2016 年版，第 277 页；邱兴隆、许章润：《刑罚学》，中国政法大学出版社 1999 年版，第 219 页。

③ 参见何显兵：《论没收财产刑的改革与完善——以绵阳市最近三年司法统计数据为例》，《中国刑事法杂志》2011 年第 1 期。

④ 参见吴平：《“可以附加剥夺政治权利”的范围剖析》，《杭州商学院学报》2003 年第 1 期；孟庆华：《剥夺政治权利的适用范围若干问题探讨》，《信阳师范学院学报（哲学社会科学版）》2009 年第 3 期。

⑤ 参见孟庆华：《剥夺政治权利的刑期若干适用问题探讨》，《河北法学》2009 年第 11 期；马东新：《缓刑附加剥夺政治权利刑期的计算》，《人民检察》1999 年第 4 期；邱威：《论数罪并罚中剥夺政治权利刑的刑期计算与适用》，《安康学院学报》2008 年第 1 期；周业胜：《被撤销假释后剥夺政治权利要重新核算》，《检察日报》2002 年 12 月 18 日；吴平：《与管制相关的剥夺政治权利的并罚问题探讨》，《河北法学》2003 年第 4 期。

学界主要有两方面的关注，一是在剥夺政治权利曾经被纳入社区矫正（试点）适用范围后引起的争论，诸多学者认为将被剥夺政治权利的犯罪分子纳入社区矫正，变相地限制了被剥夺政治权利的犯罪分子的思想自由和人身自由，加重了对犯罪分子的处罚。[①] 二是剥夺政治权缺乏后盾保障，监外的被剥夺政治权利犯罪分子违反有关规定时，执行机关无能为力。[②] 前一个问题的争议在《刑法修正案（八）》颁布之后基本得以平息。对于如何完善剥夺政治权利的执行，学者提出了一些建议，比如延长剥夺政治权利刑期，排除脱管期间刑期计算，改判拘役或者有期徒刑等。[③]

4. 关于附加刑刑种类扩展问题的学术观点

关于附加刑种类的扩展问题，少有学者直接从附加刑角度探讨。多数学者主要关注资格刑刑种的扩展，对于资格刑刑种的扩展学界主要提出了如下建议：增设职业禁止资格刑，增设以法人犯罪为适用对象的资格刑[④]，整合“禁止令”为资格刑，将目前行政资格罚中针对犯罪行为的纳入资格刑范围[⑤]。对于单位资格刑，学界提出的方案主要包括：方案一，增设停顿整业和强制破产两种单位犯罪资格刑。[⑥] 方案二，增加停业整顿、限制从事业务活动、强制撤销三种单位犯罪附加刑。[⑦] 方案三，增加剥夺荣誉称号、停业整顿、限制业务范围、吊销营业执照以及强制破产等五种单位犯罪资格刑。[⑧] 方案四，增加限制经营范围、剥夺相关资质、强制解散三种单位犯罪资格刑。[⑨] 方案五，增设单位犯罪名誉刑、资格刑和没收刑。[⑩] 虽然目前我国刑法中唯一的资格刑属于附加刑，但是并非所有的资格刑都可以纳入附加刑范围，一些严厉的资格刑宜作为主刑适用，因此对于上述这些资格刑有必要进一步进行主附加刑的区分。

---

① 参见崔进文：《被剥夺政治权利的社区矫正对象之监管》，《中国检察官》2007 年第 6 期；骆群、戴晓东：《社区矫正中剥夺政治权利的困惑与出路》，《河南司法警官职业学院学报》2009 年第 3 期。

② 参见人民检察学习问答组：《被剥夺政治权利的监外罪犯不遵守规定应当如何处理》，《人民检察》2006 年第 20 期。

③ 参见人民检察学习问答组：《被剥夺政治权利的监外罪犯不遵守规定应当如何处理》，《人民检察》2006 年第 20 期；崔进文：《被剥夺政治权利的社区矫正对象之监管》，《中国检察官》2007 年第 6 期。

④ 参见吴平：《资格刑研究》，中国政法大学出版社 2000 年版，第 319、325 页。

⑤ 参见尹晓闻：《我国资格刑制度完善研究》，华南理工大学博士学位论文 2016 年，第 115 ～ 147 页。

⑥ 参见陈兴良：《资格刑比较研究》，《法学研究》1990 年第 6 期。

⑦ 参见吴平：《增设以单位犯罪为适用对象的资格刑刍议》，《福建政法管理干部学院学报》2004 年第 1 期。

⑧ 参见王明建：《建议设立单位犯罪资格刑》，《检察实践》2000 年第 3 期。

⑨ 参见王志祥、敦宁：《刑罚配置结构调整论纲》，《法商研究》2011 年第 1 期。

⑩ 参见王能武、马荣春：《论单位犯罪的刑种完善与增设》，《江西警察学院学报》2014 年第 6 期。

三、研究思路与方法

我国附加刑无论是在具体刑种方面还是刑种整体配置上都存在诸多问题，滞后于我国转型社会其他方面的发展，影响了我国刑罚现代化的进程，需要对我国附加刑重新进行审视、反思并且加以改造和完善。基于这一基本方向，本书确立基本的研究思路：首先，确立审视、反思、改造和完善附加刑的根据。这个根据即我国的基本刑事政策——宽严相济刑事政策，以此为视角展开研究。本书将对宽严相济的基本内涵、宽严相济刑事政策的重点、宽严相济刑事政策的定位等进行梳理和探讨。其次，框定本书的研究对象。为此，本书将对附加刑的概念和种类进行梳理，以区别其他类似概念。随后，本书将以宽严相济刑事政策为视角对当前我国附加刑的具体刑种进行分析，找出其中存在的问题，并且提出针对性的完善建议。最后，本书以宽严相济刑事政策为指导对我国附加刑种类进行了必要的扩展，以求建立一个要素齐全的附加刑体系。

本书的主要研究方法包括：

历史研究方法。附加刑这一刑罚分类以及附加刑中具体的刑罚种类都有自己形成和发展的历史。对附加刑概念的厘清，区别附加刑与相关概念等都需要对附加刑的缘起和发展进行了解。对附加刑中具体刑罚种类的研究也需要对各个刑罚的形成、发展、演变历史进行梳理。审视、反思附加刑以及具体的附加刑刑种的发展历史，有利于总结附加刑以及具体刑种的发展规律，为附加刑整体以及具体附加刑刑种的改革和完善提供基础和经验。

比较研究方法。附加刑并非我国刑法自创和独有的概念。域外诸多国家和地区刑法中都有附加刑这一概念，比如法国、日本等。还有一些国家虽然没有附加刑这一概念，但是却有类似我国附加刑中具体的刑罚种类。虽然无论哪种形式的附加刑（类似附加刑的刑种）都是各国根据本国的国情以及犯罪形势的需要设置的，都具有其特殊的犯罪预防的功能，但是在这些附加刑以及类似附加刑的刑种中，也有一些刑罚种类及其适用方法可能适合我国的国情，能在我国犯罪打击和预防中起作用。观察国外附加刑的立法、司法以及执行实践，整理可能对我国附加刑完善有借鉴意义的一些国家的附加刑种类以及相关制度能够为我国附加刑体系的完善提供有益借鉴。

逻辑分析方法。附加刑的设置与运用都离不开一定的法律逻辑。逻辑混乱的附加刑体系是理性化程度不高的附加刑体系，附加刑司法适用中的逻辑性会直接影响附加刑司法适用的公正性。因此，附加刑相关法条的规定、附加刑的司法适用以及附加刑的执行各个环节是否具有逻辑一致性是评判附加刑是否科学、理性的重要标准。鉴于此，本书将对我国附加刑的立法以及司法适用和执行进行逻辑分析，剖析其中不符合逻辑的地方，并加以改善。

数据分析方法。数字体现一定的规律。了解附加刑的司法适用现状最有效和直观的途径莫过于观察大量的司法实践数据。为了加强分析的真实性和准确性，本书所收集的数据均来源于统一的、具有一定权威性的网站——中国法院网和中国裁判文书网。通过对大量的数据进行分析，本书发现了附加刑司法适用中一些独特的规律，这些规律在附加刑立法模糊、缺失以及错误时发挥着统一司法实践的重要作用，为完善附加刑立法提供了极有价值的实证参考和基础。

案例分析方法。“麻雀虽小，五脏俱全”。对司法实践中附加刑适用的典型案例进行分析能够较为直观地发现附加刑司法适用中存在的问题。通过对这些问题的梳理，能够进一步分析出造成这些问题的原因是立法缺陷还是司法适用错误，继而有针对性地提出改善建议。以案例进行说理，避免了纯粹理论说理的空洞和抽象，更容易让人理解和接受。

第一章
宽严相济刑事政策与附加刑

本书是以宽严相济刑事政策为指导对我国附加刑进行的研究。这其中涉及两个概念和一个关系。两个概念是指“宽严相济刑事政策”与“附加刑”，一个关系是指宽严相济刑事政策与附加刑的关系。本书的展开首先需要对这两个概念和一个关系进行基本的了解。宽严相济刑事政策的概念是什么？宽严相济刑事政策的重点何在？宽严相济刑事政策的基本定位是什么？厘清这些问题才能使本文有一个明确的评价标准。附加刑的概念是什么？我国有哪些附加刑种类？厘清这些问题才能确定本书的基本研究对象。宽严相济刑事政策与附加刑的一般关系和特殊关系是什么？厘清两者的关系是为了说明为什么本书要以宽严相济刑事政策为指导研究附加刑，同时也为后文的研究内容确定基本的方向和角度。因此，本章将首先对“宽严相济刑事政策”和“附加刑”进行概括性梳理，然后对两者的关系进行探讨。

第一节　宽严相济刑事政策与附加刑概说

任何一种科学研究，尤其是人文社会科学研究，都必须首先从界定基本内涵开始着手，以为整个课题提供一个明确的、系统的、规范的研究范式。[①] 因此，本书以对“宽严相济刑事政策”与“附加刑”的基本概念界定以及相关内容梳理为开端展开研究。

一、宽严相济刑事政策概说

要对宽严相济刑事政策有一个基本的把握至少应当从四个方面进行：一是刑事政策的概念；二是宽严相济刑事政策的概念；三是宽严相济刑事政策的重

① 参见张文显：《法哲学通论》，辽宁人民出版社 2009 年版，第 53 页。

点；四是宽严相济刑事政策的定位。因此，本节将从这四个方面对宽严相济刑事政策进行梳理。

（一）刑事政策的概念

宽严相济刑事政策中的“刑事政策”一词与西方国家普遍使用的“刑事政策”一词是不同的。要厘清宽严相济刑事政策的概念首先要对我国的刑事政策概念与西方国家的刑事政策概念进行区分。

1. 西方国家的刑事政策

西方的刑事政策概念是在刑事实证学派对刑事古典学派的理论批判中产生的。刑事古典学派主张：犯罪是自由意志的选择；刑罚是道义的报应；受处罚的是行为。刑事实证学派则反对古典学派的主张，他们认为：犯罪是行为人本身与所处环境相互作用的结果；刑罚处罚是社会防卫的需要；受处罚的应当是行为人。对已经发生的行为进行非难不能防止犯罪。① 刑罚需要符合犯罪人的个性特征才能发挥作用，即刑罚要实现个别化。在刑事实证学派推动下，刑法由关注行为转向关注行为人，由惩罚犯罪转向犯罪预防。刑事实证学派的社会防卫论对与犯罪做斗争的措施和手段有需求，刑事政策应运而生。

虽然李斯特将西方国家的刑事政策简洁地定义为：刑事政策是国家和社会据以与犯罪做斗争的原则的总和②，但全面理解西方国家的刑事政策概念还离不开以下认识。

首先，西方国家的刑事政策以对犯罪现象的认识和犯罪原因的探究为前提，在此基础上寻求对犯罪人的分流处遇措施。刑事政策作为犯罪预防的手段，要使手段有效，必须对犯罪现象和犯罪原因有科学的认识。就像是医生开的处方，要使处方有效，必须对疾病进行正确的诊断。而犯罪现象和犯罪原因的认识则有赖于其他学科比如生物学、遗传学、心理学等的研究。因此刑事政策需要以相关学科为基础。③

其次，西方国家的刑事政策所预防的“犯罪”不仅指传统意义上的犯罪行为，还指越轨行为和其他反社会的行为。因此，法国学者马克·安塞尔才将刑

---

① 参见张明楷：《外国刑法纲要》，清华大学出版社 2007 年版，第 11、13 页。
② [德] 克劳斯·罗克辛：《刑事政策与刑法体系》，蔡桂生译，中国人民大学出版社 2011 年版，第 4 页。
③ 参见陈兴良：《刑法的启蒙》，法律出版社 1998 年版，第 245 页。

事政策看作是集体对犯罪的、越轨的或反社会活动的有组织的果敢的反应。①

最后，西方国家的刑事政策不仅仅限于直接以防止犯罪为目的的各种刑罚制度，还包括间接防止犯罪的各种社会政策，比如居住政策、教育政策、劳动政策等②，故而有“最好的社会政策就是最好的刑事政策”之说。当然，刑法依然是刑事政策最重要的核心、最高压区和最亮点。③

2. 我国的刑事政策

与近代西方的刑事政策没有渊源关系，我国的刑事政策是独立发展而来的。④我国的刑事政策与我国刑法紧密相关。我国的刑事政策与我国刑法的关系遵循政策与法律的关系。在我国，刑事政策是刑法的灵魂与核心，刑法是刑事政策的条文化与定型化。⑤我国的刑事政策指导我国刑法的制定、适用和执行。

马克昌曾对我国刑事政策作出界定：刑事政策是指中国共产党和人民民主政权，为了预防犯罪，减少犯罪，以致消灭犯罪，以马列主义、毛泽东思想为指导，根据我国的国情和一定时期的形势，而制定的与犯罪进行有效斗争的指导方针和对策。⑥从马克昌的刑事政策定义中可以总结出我国刑事政策的几个特点。

首先，我国的刑事政策是“政策”的一种。这里的“政策”是国家政权机关、政党组织和其他社会政治集团为了实现自己所代表的阶级、阶层的利益与意志，以权威形式标准化地规定在一定的历史时期内，应该达到的奋斗目标、遵循的行动原则、完成的明确任务、实行的工作方式、采取的一般步骤和具体措施。“政策”需要一定的制定主体根据一定的程序（通常分为议程设立、方案规划与方案合理化三个阶段⑦）制定而成。

其次，我国的刑事政策是执政党的政策在刑事领域的具体化，体现的是执政党的意志和国家的意志。中国共产党是我国的执政党，因而我国的刑事政策主要是指中国共产党的政策在刑事领域的具体化，是中国共产党自身以及其所代表的广大人民群众的意志和利益在刑事领域的体现。

---

①③ 参见 [法] 米海依尔·戴尔玛斯·马蒂：《刑事政策的主要体系》，卢建平译，法律出版社 2000 年版，第 1 页。

② 参见陈兴良：《刑法的启蒙》，法律出版社 1998 年版，第 245 页。

④ 参见卢建平：《刑事政策与刑法关系论纲》，《法治研究》2011 年第 5 期。

⑤ 参见陈兴良：《刑事政策视野中的刑罚结构调整》，《法学研究》1998 年第 6 期。

⑥ 参见马克昌主编：《中国刑事政策学》，武汉大学出版社 1992 年版，第 5 页。

⑦ 参见张金马：《政策科学导论》，中国人民公安大学出版社 1992 年版，第 240 页；陈振明：《政策科学——公共政策分析导论》，中国人民公安大学出版社 1998 年版，第 213 页。

最后，我国的刑事政策只针对刑事领域，非刑事领域的不属于刑事政策所涉范围。我国刑事政策只对刑事领域的立法、司法和执行具有指导意义，不涉及非刑事领域立法、司法和执行问题。

综上可见，我国的刑事政策概念与西方国家的刑事政策概念是不同的。宽严相济刑事政策中的“刑事政策”与我国的刑事政策是同一概念。不可将宽严相济刑事政策中的“刑事政策”与西方国家的刑事政策概念相混淆。

（二）宽严相济刑事政策的概念

我国官方对宽严相济刑事政策的首次界定是罗干同志在2005年的一次会议上作出的。[①]他指出：宽严相济的刑事政策是指对刑事犯罪区别对待，做到既要有力打击和威慑犯罪，维护法制的严肃性，又要尽可能减少社会对抗，化消极因素为积极因素，实现法律效果和社会效果的统一。2006年《最高人民检察院关于在检察工作中贯彻宽严相济刑事司法政策的若干意见》进一步对宽严相济刑事政策进行了较为全面的界定：区别对待，注重宽与严的有机统一，该严则严，当宽则宽，宽严互补，宽严有度。2010年《最高人民法院关于贯彻宽严相济刑事政策的若干意见》也对宽严相济刑事政策的含义作了类似的界定：区别对待，做到该宽则宽，当严则严，宽严相济，罚当其罪。

根据官方有关界定，理论界也形成了诸多对宽严相济刑事政策的界定。一般有两种界定方式：一种是整体界定，比如马克昌认为宽严相济刑事政策的内涵是：该严则严，当宽则宽；严中有宽，宽中有严；宽严有度，宽严审时[②]，这种界定是学界通说；另一种是从宽严相济刑事政策的三个要素——“宽”“严”“济”来界定，比如陈兴良认为“宽”是指轻缓，“严”是指严格或者严厉，“济”是指救济、协调与结合。[③]

本书基本认同关于宽严相济刑事政策的二十四字解读：该严则严，当宽则宽；严中有宽，宽中有严；宽严有度，宽严审时。但同时也认为有必要对构成宽严相济刑事政策的基本要素进行解读。宽严相济刑事政策中的“宽”可以从宏观和微观两个层面来理解。从宏观层面上来讲，“宽”就是对犯罪行为和犯罪

---

① 参见马献钊：《宽严相济刑事政策实证研究》，法律出版社2015年版，第31页。
② 参见马克昌：《宽严相济刑事政策刍议》，《人民检察》2006年第10期。
③ 参见陈兴良：《宽严相济刑事政策研究》，《法学杂志》2006年第1期。

人采取宽容的态度。从微观层面上来看，宽严相济刑事政策中的“宽”是指具体的处理、处罚犯罪的策略、方法、制度、措施要轻缓。主要可以归纳为四类：非犯罪化、非刑罚化、非监禁化以及非司法化。[①]宽严相济刑事政策中的“严”最初主要是指对严重的刑事犯罪予以严厉的刑罚处罚。储槐植认为宽严相济的“严”应当由刑罚的严厉转向刑事法网的严密。[②]对此，笔者表示部分赞同，笔者认为宽严相济的“严”应当既包括刑罚的严厉，又包括法网的严密。此外，宽严相济刑事政策的“严”还体现为程序方面的严格。宽严相济刑事政策中的“济”是指不仅要有“宽”“严”两个要素，这两个要素还要相互结合、弥补和协调。

（三）宽严相济刑事政策的重点

宽严相济是我国刑法应当实现的理想状态，但是这并非意味着宽严相济刑事政策不能有所侧重。刑事政策本身就是对社会现状的及时反映，社会现状发生了变化，刑事政策也应当做出及时的调整。宽严相济刑事政策在不同的社会现状下可以有不同的侧重点。

在宽严相济刑事政策提出之初，储槐植曾指出我国刑法的现状是：“严”是主角，“宽”是配角，“宽”与“严”在立法上明显失衡，因此需要更加注重宽严相济刑事政策“宽”的一面。[③]在宽严相济刑事政策已经实施了十年多的今天，储槐植这一判断和主张并没有过时。

从目前我国的刑罚结构来看，我国仍然是重刑刑罚结构，贯彻宽严相济刑事政策仍然需要继续大力推进从宽的一面。储槐植将刑罚结构分为五种：一是死刑占主导；二是死刑和徒刑占主导；三是徒刑占主导；四是徒刑和罚金并列占主导；五是徒刑的替代方式占绝对地位。[④]毋庸置疑，以死刑为中心的刑罚结构和以死刑和徒刑为主导的刑罚结构都属于重刑刑罚结构。自 1979 年刑法颁布以来，我国刑罚结构一直以死刑和徒刑为主导，属于重刑刑罚结构。宽严相济刑事政策提出之后，我国通过多个刑法修正案对刑罚结构进行了相应的调整，具体包括取消了 22 个罪名中的死刑规定并且扩大了罚金刑的适用，重刑刑罚结

---

① 参见马献钊：《宽严相济刑事政策实证研究》，法律出版社 2015 年版，第 35 页。

②③ 参见储槐植、赵合理：《国际视野下的宽严相济刑事政策》，《法学论坛》2007 年第 3 期。

④ 参见储槐植：《刑事一体化论要》，北京大学出版社 2007 年版，第 54 页。

构得到一定程度的改善。但是目前我国刑法分则中仍然有 46 个罪名规定了死刑，并且几乎所有的罪名中都规定有徒刑，虽然近年来罚金刑的适用范围有所扩大，但是多数是在原有法定刑上直接规定并处罚金刑，而不是在增加单处罚金或者降低原有法定刑基础上并处罚金，因此罚金刑的扩大适用并没有实质改善我国重刑刑罚结构。因此，目前我国刑罚结构仍然是以死刑和徒刑为主导的重刑刑罚结构，“严”仍然是主角，“宽”仍然是配角。故而需要继续以宽严相济刑事政策“宽”为重点指导我国刑罚改革，使我国刑罚结构朝着更加轻缓的方向发展。

（四）宽严相济刑事政策的定位

罗干同志 2005 年在谈到宽严相济刑事政策时使用的是“基本刑事政策”这一表述，随后 2006 年颁布的《中共中央关于构建社会主义和谐社会若干重大问题的决定》对宽严相济刑事政策的表述是“刑事司法政策”，之后最高人民法院和最高人民检察院在多次工作报告中将宽严相济刑事政策表述为“刑事司法政策”，引发了学界关于宽严相济刑事政策定位的讨论。

有学者主张宽严相济刑事政策仅是刑事司法政策。[①] 有学者主张宽严相济刑事政策是基本刑事政策。[②] 还有学者主张宽严相济刑事政策既是基本刑事政策，又是刑事司法政策，而且还是刑事立法和刑事执行政策。[③] 主张宽严相济刑事政策是刑事司法政策的学者主要是从实然层面考虑的，当时宽严相济刑事政策的作用范围主要在司法层面，但这种观点缺乏对宽严相济刑事政策未来发展的预见性。主张宽严相济刑事政策是基本刑事政策的学者主要从应然的角度进行的分析，但是部分学者认为刑事司法政策是基本刑事政策的下位概念，混淆了刑事政策的基本分类。主张宽严相济刑事政策既是基本刑事政策又是刑事司法、立法、执行政策的观点无论是在当时还是现在都更为合理。

首先，刑事政策可以根据不同的标准进行分类，主要的分类有基本刑事政策和具体刑事政策之分，刑事立法政策、刑事司法政策与刑事执行政策之分，实然刑事政策和应然刑事政策之分，宏观刑事政策和微观刑事政策之分以及定

---

① 参见储槐植、赵合理：《国际视野下的宽严相济刑事政策》，《法学论坛》2007 年第 3 期。

② 参见赵秉志：《和谐社会构建与宽严相济刑事政策的贯彻》，《吉林大学社会科学学报》2008 年第 1 期。

③ 参见马克昌：《论宽严相济刑事政策的定位》，《中国法学》2007 年第 4 期。

罪政策、刑罚政策和处遇政策之分。[①] 在这些分类中，某些分类相互排斥，比如基本刑事政策和具体刑事政策，而某些分类则不相互排斥，比如刑事立法政策、刑事司法政策、刑事执行政策。基本刑事政策与刑事司法政策也不是相对的概念，两者也不互相排斥。一项刑事政策既可以是一项刑事司法政策，又可以是一项基本刑事政策。宽严相济刑事政策既可以是基本刑事政策又可以是刑事司法政策，因此上述讲话、文件、报告中关于宽严相济刑事政策的表述并不矛盾冲突。

其次，从应然的角度来说，宽严相济刑事政策建立在科学的犯罪观与刑罚观基础之上，符合我国社会主义和谐社会建设的总体要求，顺应保障人权、刑罚轻缓化等国际发展潮流，应当成为指导我国刑事立法、刑事司法和刑事执行的刑事政策；从实然层面来看，宽严相济刑事政策经历了从刑事司法政策向刑事立法政策的深化。在宽严相济刑事政策提出之初，该政策基本用于指导人民检察院和人民法院的工作，主要作为刑事司法政策出现。《刑法修正案（八）》《刑法修正案（九）》直接将宽严相济刑事政策作为指导，标志着宽严相济刑事政策真正成为刑事立法政策。

有学者对宽严相济刑事政策上述转变提出质疑，认为这种转变属于扩张解释，缺乏论证和理由，主张宽严相济刑事政策应当回归刑事司法政策。[②] 但是，即使一种刑事政策原来被定位为司法政策，但是如果这种刑事政策能够为立法服务，甚至可以完全转变为立法政策，这是刑事政策与时俱进的必然要求。而且宽严相济刑事政策符合我国立法的规律，在宽严相济刑事政策的指导下，我国刑法有关规定特别是刑罚方面的规定逐渐得到完善。因此，宽严相济刑事政策不仅是当前我国一项基本的刑事政策，在未来很长时期内都应继续成为我国的基本刑事政策，指导我国刑事立法、刑事司法和刑事执行全过程。

二、附加刑概说

刑法理论界无论是对附加刑的概念还是对附加刑的种类都存在争议。为了

① 这一分类由储槐植在其所著《刑事一体化与关系刑法论》以及杨春洗在其所主编《刑事政策论》中提出。
② 参见孙万怀：《宽严相济刑事政策应回归为司法政策》，《法学研究》2014 年第 4 期。

明确本书研究的范围，有必要对我国附加刑的概念和我国附加刑的种类进行全面的梳理。

（一）附加刑的概念

1. 附加刑概念的缘起

附加刑是按照某种标准对刑罚种类进行的分类，是一类刑罚方法的总称。附加刑这一概念只存在于将刑罚区分为主刑与附加刑的刑罚结构模式中。对附加刑进行概念界定必须首先了解附加刑这个概念的缘起。我国刑法中主附加刑模式并非是对中华传统法律文化的传承，而是法律移植的结果。1810 年《法国刑法典》被认为是主附加刑模式的起源。1907 年《日本刑法典》直接借鉴了 1870 年《德国刑法典》，而 1870 年《德国刑法典》是在效仿 1810 年《法国刑法典》的基础上制定的，因此可以说《日本刑法典》间接借鉴了《法国刑法典》，引入了主附加刑模式。清朝末年，清政府学习西方资本主义刑法体系，在借鉴 1907 年《日本刑法典》基础之上，制定并颁布了《大清新刑律》，首次将刑罚分为主刑与附加刑，至此主附加刑刑罚体系正式进入我国刑法史。由于主附加刑模式经历了多次演变，导致附加刑在各个时期和各刑法典中的内涵与外延不尽相同。

2. 我国附加刑的概念

我国关于附加刑的概念，一般有两种界定方式。一种是我国刑法学界通说的界定，通说对附加刑的定义是：附加刑是补充主刑适用的刑罚方法。① 通说认为附加刑即从刑，附加刑的特点是既可以独立适用，也可以附加主刑适用，对同一种犯罪可以同时适用两种以上的附加刑。另一种附加刑的界定是：附加刑是既可以独立适用，也可以作为主刑的附加刑适用的刑罚。②

观察两种附加刑概念的界定可以发现两种界定是从不同角度对附加刑进行的界定。第一种附加刑概念的界定是从附加刑与主刑的关系角度来界定的，附

---

① 参见高铭暄、马克昌主编：《刑法学》，北京大学出版社、高等教育出版社 2007 年版，第 232 页；徐松林：《刑法学》，华南理工大学出版社 2003 年版，第 206 页；谢望原主编：《刑法学》，北京大学出版社 2003 年版，第 350 页；陈明华主编：《刑法学》，中国政法大学出版社 1999 年版，第 295 页；刘湘廉主编：《刑法学》，法律出版社 2002 年版，第 236 页；李晓明主编：《中国刑法总论》，清华大学出版社 2012 年版，第 249 页；于阜民主编：《刑法学》，科学出版社 2013 年版，第 171 页；齐文远主编：《刑法学》，北京大学出版社 2016 年版，第 262 页；张明楷：《刑法学》，法律出版社 2016 年版，第 408 页。

② 参见高铭暄主编：《新编中国刑法学》，中国人民大学出版社 1999 年版，第 318 页。

加刑被视为是主刑的补充。在这种界定之中，附加刑的适用方式被视为附加刑的一个基本特点。第二种附加刑概念的界定是直接从附加刑的适用方式角度来对其进行界定的。哪种方式更具有科学性呢？本书认为后一种界定更科学地揭示了附加刑的实质，更有利于附加刑刑罚功能的发挥和刑罚目的的实现。

第一种界定存在诸多不科学之处。首先，第一种附加刑概念界定具有片面性。附加刑确实可以补充主刑适用，但是附加刑对主刑的补充性只是附加刑客观功能的一个方面，附加刑除了能够补充主刑适用之外还可以独立适用，独立发挥刑罚功能，实现惩罚和预防犯罪的作用。因此将附加刑仅仅界定为对主刑补充适用的刑罚方法不全面。其次，第一种附加刑概念界定不利于附加刑功能的发挥。将附加刑定义为补充主刑的刑罚方法，会导致附加刑处于从属地位，在司法实践中附加刑得不到重视，运用不多，导致附加刑具有的独特的预防犯罪的功能得不到有效的发挥。附加刑与主刑应当是地位平等的刑罚方法，它们各自具有惩罚和预防犯罪的功能，不仅能够各自独立发挥作用，而且能够相互配合发挥作用，将附加刑仅看作是主刑的补充，浪费了附加刑的功能。

概念是对事物本质特征的描述。附加刑与主刑都是刑罚方法，附加刑之所以区别主刑是由于附加刑的适用方式特别，附加刑能够附加适用，其既可以附加主刑适用，又可以与其他附加刑同时适用。能够附加适用是附加刑真正独有的特性，而独有的特性才是区别其他概念的标志。因此，以附加刑独有的特性来定义附加刑才能起到揭示附加刑实质的作用。因此，本书认为附加刑的定义应当是：附加刑是既能独立适用又可以附加适用的刑罚方法。附加刑这种既可以独立适用又可以附加适用的灵活适用方式有利于附加刑功能的发挥和刑罚目的的实现。特别是在当前世界刑罚轻缓化的发展趋势下，目的刑论盛行，附加刑有诸多优于主刑的功能，需要引起重视。

（二）附加刑的种类

1. 各国附加刑种类概说

如前所述，在将刑罚明确分为主刑与附加刑的国家中，附加刑的含义可能存在一定的差异。在有些国家，一些刑罚既可以作为主刑又可以作为附加刑，而在另外一些国家主附加刑界限十分明确，某种刑罚要么只能是主刑，要么只能是附加刑。一些国家的附加刑既可以独立适用又可以附加适用，但另一些国家的附加刑只能附加适用。此外，在一些不明确区分主刑与附加刑的国家中，也存在一些与附加刑相类似的刑罚种类。无论哪种形式的附加刑（类似附加刑的处罚措施）都是各国根据本国的国情以及犯罪形势的需要设置的，都具有其特殊的犯罪预防的功能。在这些附加刑以及类似附加刑的刑种中，也有一些刑罚种类可能适合我国的国情，能在我国犯罪打击和预防中起作用。本书在此整理一些可能对我国附加刑完善有借鉴意义的一些国家的附加刑和类似附加刑的处罚措施，为后文分析我国附加刑体系完善做铺垫。

明确区分主刑与附加刑的国家有日本、德国、意大利、俄罗斯、瑞士、荷兰、匈牙利、葡萄牙、斯诺文尼亚共和国等。日本刑法中附加刑只有没收一种刑罚。[①]《德国刑法典》规定犯罪行为的法律后果有自由刑、罚金刑、财产刑、附加刑和附随后果四种。禁止驾驶为附加刑，附随后果包括丧失担任公职、选举及投票权。[②]意大利将附加刑分为适用于重罪、适用于轻罪以及重罪和轻罪共同适用的附加刑。重罪附加刑种类有褫夺公职、禁止从事某特定的职业或者艺术、剥夺治产权、禁止担任法人和企业领导职务、剥夺与公共行政签约的资格、终止或暂停行使亲权；轻罪附加刑种类有暂停从事特定职业或者艺术、暂停担任法人或者企业领导职务；重罪轻罪同时适用的附加刑为公布刑事判决。[③]俄罗斯将刑罚分为基础刑和附加刑。只能作为附加刑的刑罚有剥夺专业称号、荣誉称号、军衔、职衔和国家奖励。既可以作为附加刑又可以作为基础刑的刑罚包括罚金和剥夺担任一定职务或者从事一定活动的权利。[④]瑞士刑法中的附加刑种类包括不得担任公职、剥夺教养权和监护权、禁止执业或禁止经商、驱逐出境以及禁止进入酒店。[⑤]荷兰刑法中的附加刑种类有剥夺特定权利、劳动改造、没收、公布判决。[⑥]匈牙利刑法典规定的主刑包括监禁、公益劳动、罚金，附加刑包括禁止从事公共事务、禁止从事职业、禁止驾驶、驱逐、驱逐出境、附加罚金。[⑦]葡萄牙刑法中从刑刑罚种类包括禁止执行公共职务、中止执行公共职务、禁止驾驶机动车辆。[⑧]斯诺文尼亚共和国刑法中的附加刑包括罚金与吊销机动车

① 参见黎宏：《日本刑法精义》，中国检察出版社 2004 年版，第 260 页。
② 参见《德国刑法典》，徐久生、庄敬华译，中国法制出版社 2000 年版，第 53 ～ 56 页。
③ 参见陈忠林：《意大利刑法纲要》，中国人民大学出版社 1999 年版，第 267 ～ 270 页。
④ 参见《俄罗斯联邦刑事法典》，赵路译，中国人民公安大学出版社 2009 年版，第 24 页。
⑤ 参见《瑞士联邦刑法典》，徐久生、庄敬华译，中国方正出版社 2004 年版，第 21 ～ 22 页。
⑥ 参见《荷兰刑法典》，于志刚、龚馨译，中国方正出版社 2007 年版，第 6 页。
⑦ 参见《匈牙利刑法典》，陈志军译，中国人民公安大学出版社 2008 年版，第 12 页。
⑧ 参见《葡萄牙刑法典》，陈志军译，中国人民公安大学出版社 2010 年版，第 29 ～ 31 页。

驾驶执照，前者还可以作为主刑适用，后者仅作为监禁、罚金或者缓刑中的附加刑适用。[①]

在不区分主刑与附加刑的国家中也存在类似附加刑的刑种或者处罚措施。美国联邦及各州没有明确将刑罚分为主刑与附加刑，但是美国刑法中有附随性制裁措施如暂扣、吊销驾驶证、剥夺选举权与被选举权、公告、注册以及居住限制等，其适用方式以及功能与附加刑十分相似。加拿大刑法中也存在替代监禁刑的惩处措施，比如罚金、没收财产等。

2. 我国附加刑种类

对于我国附加刑的种类一般有三种观点，第一种观点认为我国附加刑包括罚金、剥夺政治权利与没收财产三种。[②] 第二种观点认为我国附加刑包括罚金、剥夺政治权利、没收财产以及驱逐出境四种。[③] 这种观点是我国目前刑法学界的通说。第三种观点认为我国附加刑包括罚金、剥夺政治权利、没收财产、驱逐出境以及剥夺军衔五种。[④] 可见，对于罚金、剥夺政治权利以及没收财产的附加刑属性不存在异议，这是因为我国《刑法》第 34 条进行了明确的规定。关于附加刑种类的分歧主要在于驱逐出境和剥夺军衔是否属于附加刑的范围。

关于驱逐出境的性质问题，也存在几种观点。一种观点认为驱逐出境不是刑罚，更谈不上是附加刑。具体又分为两种见解，一种见解认为我国刑法明确规定的刑罚方法只有五种主刑和三种附加刑，驱逐出境不在刑法明确规定的刑罚之列。驱逐出境与训诫或者责令具结悔过、赔礼道歉、赔偿损失等都不是刑罚方法。驱逐出境是一种行政强制措施。其既可以由法院判处也可以由公安机关宣布，其目的是消除犯罪的外国人和无国籍人在我国继续实施犯罪的可能。[⑤] 还有一种见解认为驱逐出境既不是行政处罚，也不是严格意义上的刑罚，更多的带有保安处分的性质。[⑥] 另一种观点认为驱逐出境是刑罚的一种，并且属附加刑中的资格刑。理由是驱逐出境既可以独立适用又可以附加适用的适用方式与附

① 参见《斯洛文尼亚共和国刑法典》，王立志译，中国人民公安大学出版社 2012 年版，第 17 ～ 44 页。
② 参见邱兴隆、许章润：《刑罚学》，中国政法大学出版社 1999 年版，第 228 页。
③ 参见马克昌：《刑罚通论》，武汉大学出版社 2000 年版，第 239 ～ 240 页；张明楷：《刑法学》，法律出版社 2016 年版，第 424 页；齐文远主编：《刑法学》，北京大学出版社 2016 年版，第 262 页。
④ 参见吴平：《剥夺军衔刑探讨》，《黑龙江省政法管理干部学院学报》2005 年第 3 期。
⑤ 参见于志：《驱逐出境不属于刑罚》，《政治与法律》，1985 年第 3 期；陈浩铨：《驱逐出境是行政强制措施》，《政治与法律》1986 年第 5 期。
⑥ 参见房清侠：《刑罚变革探索》，法律出版社 2013 年版，第 168 页。

加刑的适用方式一致，但是由于附加刑仅适用于外国人与无国籍人，因此是一种特殊的附加刑[①]，附加刑剥夺的是我国法律所确认的外国人在我国居留的资格，因而是一种资格刑。[②]还有一种观点认为驱逐出境既是一种刑事处罚又是一种行政强制措施。前者适用于在我国境内犯罪的外国人，需经法院审判，由法院宣告。后者适用于在我国实施除犯罪行为之外的其他违法行为、依法应当被驱逐出境的外国人，由我国政府以及公安机关宣告。[③]可以看出，后两种观点对我国刑法规定的驱逐出境的性质的理解是一致的，都认为我国《刑法》第35条规定的驱逐出境是一种资格刑类型的附加刑。这种观点目前是我国刑法学界的通说。

从应然的角度本文赞同驱逐出境属于刑罚的一种，但是在罪刑法定原则下，目前我国刑法中的驱逐出境的刑罚地位显得有些尴尬。有论者解释刑法未将驱逐出境纳入一般刑罚的规定之列是因为驱逐出境只能对犯罪的外国人适用[④]，这种解释并不充分，既然驱逐出境是一种刑罚，那么其就应当被明确规定在刑罚之列，如果按照上述解释的逻辑，死刑只是适用于极少数罪刑极其严重的犯罪，那么死刑是否可以被单列出来，不作为一般刑罚加以规定呢？显然答案是否定的。因此，目前我国刑法关于驱逐出境的规定是存在的问题的。要确认驱逐出境的刑罚地位，还需要对刑法相关条文进行调整。由于驱逐出境缺乏明确的附加刑地位，本书在后文将其作为我国附加刑体系的完善内容来研究，而不将其与具有明确附加刑地位的罚金、剥夺政治权利以及没收财产并列进行专章研究。

综上，本书认为目前我国附加刑的种类仅包括罚金、没收财产和剥夺政治权利三种。

---

① 参见张明楷：《刑法学》，法律出版社 2016 年版，第 424 页。

② 参见陈兴良：《刑种通论》，人民法院出版社 1993 年版，第 499 页。

③ 参见马克昌：《刑罚通论》，武汉大学出版社 2000 年版，第 239 ～ 240 页；李伟芳、王正超：《驱逐出境仅是一种刑罚吗?》，《政治与法律》1986 年第 6 期。

④ 参见李伟芳、王正超：《驱逐出境仅是一种刑罚吗?》，《政治与法律》1986 年第 6 期。

第二节 宽严相济刑事政策与附加刑的关系

本书是在宽严相济刑事政策指导下对附加刑进行的研究，以宽严相济刑事政策与附加刑存在密切的关系的前提。宽严相济刑事政策与附加刑的关系可以分为一般关系和特殊关系。

一、宽严相济刑事政策与附加刑的一般关系

宽严相济刑事政策与附加刑的一般关系遵循刑事政策与刑罚的关系，因而也遵循刑事政策与刑法的关系以及政策与法律的关系。

（一）政策与法律的关系

“政策是法律的灵魂，法律是政策的定型化（条文化）”是对政策与法律关系的普遍描述。[①]具体而言，政策与法律的关系是：

一方面，政策（主要是执政党的政策）是一个国家制定法律和适用法律的基本依据。[②]首先，法律的制定以政策为依据。政策与法律都是统治阶级意志的体现，但是政策总是先于法律存在的，原因在于政策形成的过程要比法律制定的过程简单得多。法律的制定以已经存在的政策为依据便可充分体现统治阶级的意志。一般来说，统治阶级为了应对社会发展的需求，会首先制定政策，然后用实践检验政策的科学性和可行性，对于需要长期贯彻的政策，再通过法律形式将其定型化、条文化、规范化，这是制定法律遵循的基本路线。其次，法律的适用也要以政策为指导。法律具有相对稳定性，而社会生活是瞬息万变的，

---

① 参见朱恩霖：《法律和政策的关系》，《法学》1957 年第 6 期；万山：《略论政策和法律的关系》，《法学》1958 年第 4 期。

② 参见张文显：《法理学》，高等教育出版社、北京大学出版社 2007 年版，第 375 页。

法律难以随时跟进变化的社会生活，此时便需要更具有灵活性的政策来进行调节，以便法律适用更加符合实际。另外，一些法律条文具有抽象性、概括性、简洁性的特点，在适用时需要进行解释，而法律解释不是随意进行的，也需要以政策精神为指导，才能使法律解释也符合统治阶级的意志。再次，作为上层建筑的政策会随着经济基础的变化而变化，法律只有跟随政策的变化作出适时的调整，才能顺应变化了的经济基础。

另一方面，法律是政策的重要实现形式，是定型化和规范化之后的政策。①法律之所以能够成为政策的重要实现形式是因为法律具有国家意志性、强制性和规范性特点。法律具有普遍的适用性和约束力，一个国家内的所有成员包括个人、组织、社会团体、国家机关等都要遵守法律；而政策一般只对部分人和组织具有约束力。因此政策上升为法律后可以极大地扩大适用范围。法律具有强制性，法律的实施以国家强制力为后盾和保障，违反法律规定的人要负相应的法律责任，法律的强制性能够有效地保证法律得以实施；而政策不具有如法律一般的强制力，一些政策甚至没有强制力，政策的实施主要依靠倡导、引导。因此政策上升为法律后，国家强制力更有利于政策的遵守和执行。法律还具有规范性，即法律明确规定了人们应当做什么、不应当做什么、可以做什么、做了不该做的事之后会怎样，权利义务关系明确，为人们提供了较为清楚的行动指南；而政策往往具有原则性、概括性，政策的全面贯彻需要人们深刻领会政策的精神实质，这对于一般人而言是有难度的。因此将政策上升为法律更有利于政策的理解和实现。法律具有的独特属性使得法律成为最受青睐的政策实现方式。

一个重要问题是当政策与法律存在矛盾时，应当如何处理？理论上一般有三种观点，第一种观点认为政策优于法律，两者不一致时以政策为准②；第二种观点认为法律优于政策，两者不一致时以法律为准③；第三种观点认为需要具体情况具体分析，政策是对的时以政策为准，法律是对的时以法律为准。④本书认为当政策与法律相互冲突时，一般应当以法律为适用准则。当法律是正确的时

---

① 参见张浩：《略论政策与法律的关系》，《北京政法学院学报》1982 年第 1 期。
② 参见万山：《略论政策和法律的关系》，《法学》1958 年第 4 期。
③ 参见李步云：《政策与法律关系的几个问题》，《现代法学》1984 年第 3 期。
④ 参见侯宗源：《论法律与政策的关系》，《新疆社会科学》1985 年第 5 期。

候，当然应当以法律为适用准则，当法律存在缺陷和不足时，也应当以法律为适用准则，这样虽然可能损害少部分人的暂时利益，但是这是法治建设必须付出的代价。一般而言由于法律是依据政策制定的，虽然政策在不断变化，但是政策发生完全相反的转变的情形还是较少的，新政策一般是对老政策的部分修改和调整，因此以老政策为制定依据的法律与新政策之间一般不会存在巨大的矛盾和冲突，所以即使适用有缺陷的法律也不会导致巨大的不公正。但是也不能排除因为一些社会聚变因素导致政策发生巨大的变化的情形，此时新政策和法律之间的矛盾就十分突出，需要分情况来考虑。对于刑法，无论如何都应当坚守罪刑法定原则，即使法律与新政策出入巨大，也应当坚守法律；对于民法，政策本身就能成为民法的渊源，因此当政策与法律出入巨大时，可以以政策为适用准则。但以上只是权宜之计，最根本的办法是及时对法律作出调整，以适用变化了的社会生活。

（二）刑事政策与刑法的关系

我国的刑事政策是党和国家在刑事领域方面的政策，因此我国的刑事政策与刑法的关系与近代西方国家的刑事政策与刑法的关系不同，李斯特区分刑事政策与刑法关系的学说（“李斯特鸿沟”）是就后一对关系而言的。我国刑事政策与刑法的关系就是政策与法律的关系在刑事领域的具体化。

1. 我国刑事政策与刑法关系的演变历史

我国刑事政策与刑法的关系经历了多个历史时期的演变，最终形成了良性互动的关系。我国在革命战争时期，除了短暂存在过的全国性政权中华苏维埃共和国临时中央政府外，长期处于没有统一的中央一级政权的状态，因此没有形成统一的全国性的刑法。当时打击和惩罚犯罪的依据主要是各个革命根据地政权制定的一系列条例、宣言、解释等，这些条例、宣言、解释是由中国共产党直接制定的同犯罪做斗争的方针、策略，实际上就是党在刑事领域的刑事政策。可见，在革命战争时期，党的刑事政策直接起着刑法的作用。新中国成立之后，我国开始进行法治建设，制定了多个单行刑事法律，一定程度上缓解了没有刑事法律的尴尬。但是由于法制建设进程缓慢，我国长时间没有制定出统一的刑法典，很多刑法立法空白都是由中国共产党发布的各种纲领、命令、决议来弥补，刑事政策继续充当着刑法的绝大部分角色。“文化大革命”后，我党认识到法治建设的重要性，1979 年制定了统一的刑法典，该刑法典明确将惩办与宽大相结合刑事政策作为其指导刑事政策，标志着刑事政策直接替代刑法的历史结束[①]，刑事政策开始从台前走向幕后，通过指导刑法的制定来影响犯罪的打击。但是由于刑事政策长期直接作为刑法起作用，这种惯性无论是在领导层还是在司法人员当中长久没有消散，致使刑事政策与刑法关系发展遭受曲折。20 世纪 80 年代初我国治安形势急剧恶化，我党提出了“严打”刑事政策，“严打”刑事政策直接对刑法中的罪刑规定进行了修改，并且直接作为定罪量刑的依据，刑事政策又一次直接以刑法的身份登上历史舞台。“严打”刑事政策直接替代刑法起作用的危害是显而易见的，法治建设被严重破坏。21 世纪初，在吸取教训的基础上，我党顺应构建社会主义和谐社会、人权入宪、刑罚轻缓化等时代背景，提出了宽严相济刑事政策，我国刑事政策与刑法的关系开始向理性回归。

2. 回归理性后的我国刑事政策与刑法的关系

目前，刑事政策是刑法的灵魂与核心，刑法是刑事政策的条文化和定型化[②]，是我国刑事政策与刑法关系的最普遍的描述。具体而言，我国刑事政策与刑法的关系表现为：

一方面，刑事政策指导刑法的立法和司法。

首先，刑事政策指导刑法立法。刑事政策对刑法立法的指导体现为两方面：第一，刑法的立、改、废都受刑事政策的影响。刑事政策是我党长期与犯罪做斗争的实践经验的总结，我党与犯罪做斗争的手段和途径有很多，刑法虽然是其中最主要的手段和方式之一，但并不是唯一的手段和方式。是否要利用刑法手段来打击和预防犯罪依赖于我党的刑事政策。我党的刑事政策思想决定是否进行刑法立法。刑法一经制定便具有稳定性特征，为了保障人权，刑法不能朝令夕改。但是犯罪形势随着社会的发展是在不断变化的，某些行为在当前看来具有极大的社会危害性，需要被作为犯罪处理，但是随着社会生活的变化，这些行为可能不再具有社会危害性，不能作为犯罪处理。反之亦然，一些行为现在看似不具有社会危害性或者社会危害性较小，不是犯罪行为或者只是一般违法行为，但是随着社会生活条件的变化，这些行为在将来可能具有极大的社会危害性，必须作为犯罪处理。对于因社会生活条件的变化而引起的犯罪形势的变化，刑事政策能够作出及时的反映和体现。刑法需要以刑事政策为指导及时

---

①② 参见卢建平：《刑事政策与刑法关系论纲》，《法治研究》2011 年第 5 期。

对自身的规定进行调整，才能更好地适用不断变化的犯罪形势，更好地发挥打击和预防犯罪的作用。因此，刑法的修改也要受刑事政策的指导。当社会生活条件变化较小时，对刑法进行小修小补尚能满足犯罪的打击和预防，但是如果社会生活条件发生了急剧的变化，原来制定的刑法要么完全起不到打击和预防犯罪的效果，要么严重侵犯了公民的合法权益，此时仅对刑法进行内部调整已经不能解决问题，所以就要考虑刑法的废止问题了。是否废除刑法也与国家的刑事政策价值取向有直接关系。如果刑事政策决策者出于一些功利主义的考虑，认为即使现存的刑法已经无法满足犯罪打击和预防的需求，但是为了维护一定时期内社会某方面的发展，一些侵犯公民合法权益的现象可以被忽略不计，那么刑法就可能继续存在。但是如果刑事政策决策者认为这些问题非废除刑法不能解决，那么刑法就非废除不可。因此，刑法的废止也受刑事政策的直接指导。

第二，刑事政策制约着刑法的内容和发展方向。刑事政策是刑法内容的来源。刑法的基本内容包括犯罪与刑罚两大部分，这两大部分的具体内容都受制于刑事政策。就犯罪部分而言：首先，刑事政策决定罪与非罪以及此罪与彼罪的界限。哪些行为宜作为犯罪处理，哪些行为不宜作为犯罪处理，都由刑事政策决定。在被归入犯罪的行为中，哪些行为应当被归为更严重的犯罪，哪些行为应当被归为较轻的犯罪，也都由刑事政策决定。其次，刑事政策影响犯罪圈的大小。刑事政策将行为划分为罪与非罪的同时也就决定了刑法中有多少种犯罪。宽松的刑事政策对公民的行为容忍度大，刑法的犯罪圈可能就小；反之，严厉的刑事政策对公民行为的容忍度小，刑法的犯罪圈可能就会变大。再次，刑事政策还影响犯罪构成的设置。犯罪构成直接决定行为是否是犯罪行为，或者行为构成哪种类型的犯罪以及有多少行为构成犯罪。刑事政策要影响罪与非罪的界限、此罪与彼罪的界定以及犯罪圈大小就要通过指导刑法中犯罪构成的设置来实现。因此，具体犯罪构成的设置也离不开刑事政策的指导。就刑罚部分而言，刑事政策指导刑罚目的的选择、刑罚体系的设置、刑种的选择、刑罚的分类、刑罚的排列、刑度的设置、具体犯罪中刑罚的配置等问题。刑事政策对刑罚的具体指导作用下文将详细探讨，此处不赘述。除了对刑法的内容有直接指导作用外，刑事政策对刑法的方向也有影响。从政治角度而言，刑事政策决定刑法的政治方向。我国的刑法归根结底是为我国社会主义事业发展服务的，为了保持刑法的社会主义方向，刑法必须接受我党制定的具有社会主义性质的刑事政策的指导，才不至于迷失社会主义方向，这是一个重大问题。[①] 从一般意义上而言，刑事政策决定刑法的轻重发展方向。在宽松的刑事政策指导下，刑法会体现出宽缓性，在严厉的刑事政策指导下，刑法会体现严厉性。刑事政策由严到宽的转变或者由宽到严的转变都会直接影响刑法的轻重发展方向。

其次，刑事政策指导刑法的司法适用。刑事政策对刑法的司法适用的指导也体现在两个方面。

第一，刑事政策通过刑法立法间接对刑法的司法适用进行指导。刑法的司法适用以刑法的立法规定为前提，这是罪刑法定原则的要求。刑法的司法适用主要包括犯罪的认定和刑罚的裁量，需要分别以刑法中的犯罪构成规定和刑罚裁量规定为依据，而刑法中犯罪与刑罚的具体规定都是在刑事政策的指导下完成的，刑事司法以这些具体的罪刑规定为依据就是间接地接受了刑事政策的指导。换言之，刑事政策以对刑法立法的直接指导对刑法的司法适用产生间接的指导作用。

第二，刑事政策对刑法的司法适用具有直接的指导作用。刑事政策对刑法司法适用的直接指导主要体现在几个方面。首先，刑法的司法适用离不开刑法解释，刑法解释受刑事政策的直接指导。刑法用语常常具有简洁性、抽象性、概括性、模糊性等特点，司法机关在适用刑法规定时，常常会对这些用语的理解产生分歧，导致刑法适用的不统一，因此需要对这些引起分歧的立法规定进行统一的解释，以统一刑法的司法适用。如何保证司法解释与刑法的基本精神相一致呢？最好的办法就是以指导刑法立法的刑事政策作为司法解释的指导。司法解释与刑法立法接受同样的刑事政策的指导，才能保证整个刑法的一致性和连贯性。刑法的解释有立法解释和司法解释两种，无论哪一种刑法解释都需要接受刑事政策的指导。其次，司法人员具有自由裁量权，司法人员行使自由裁量权需要接受刑事政策的指导。由于刑法立法具有稳定性，而犯罪形势是复杂多样且不断变化的，为了较为灵活地应对复杂多变的犯罪情况，刑法立法常常留给司法人员诸多自由裁量的空间，司法人员可以根据犯罪的具体情况作出恰当的决定。司法人员的自由裁量权的不能随意行使，需要接受刑事政策的指导。一方面，司法自由裁量也必须符合刑法的基本精神，如何保证司法自由裁

① 参见李学斌、薛静:《论我国刑事政策与刑法的关系》,《青海社会科学》1992 年第 2 期。

量与刑法基本精神一致呢？最好的途径就是以指导刑法立法的刑事政策为司法自由裁量的指导。另一方面，司法自由裁量权的存在就是为了应对不断变化的犯罪形势，而刑事政策就是对不断变化的犯罪形势的及时反映和体现，自由裁量权的行使只有以刑事政策为指导才能保证司法人员所做的决定符合犯罪的实际，发挥打击和预防犯罪的作用。司法自由裁量既包括犯罪认定上的自由裁量，又包括刑罚适用上的自由裁量，无论哪一方面的自由裁量都离不开刑事政策的指导。

同时，刑法是刑事政策的重要实现形式。刑法之所以能够成为刑事政策的重要实现形式有几个方面的原因。第一，刑法与刑事政策在目标追求上具有一致性。刑事政策的基本出发点是与犯罪做斗争，而刑法的基本任务就是打击犯罪，保护人民。刑法与刑事政策目标的一致性使得刑法能够成为刑事政策的实现形式。民法的基本任务或者目标是调节民事关系，与犯罪打击和预防无关，因此其不可能成为刑事政策的实现形式。可见，目的的一致性是决定刑事政策选择刑法作为实现形式的前提。第二，刑法具有刑事政策不具备的形式上的优点，使得刑法能够成为刑事政策的重要实现形式。刑事政策常常表现为一些原则性的指导意见，具有高度的概括性和抽象性，内涵和外延模糊，包含的内容十分庞杂，留有很大的解释空间和诸多的解释可能性，容易造成适用混乱。而刑法具有规范性特点，对于哪些行为构成犯罪，构成哪种类型的犯罪，对各种犯罪应当处以什么样的刑罚这些问题，刑法都进行了较为明确的规定。刑法能够给人们提供一个清楚的行为准则，根据刑法规定，人们知道哪些行为不能够实施，实施了刑法禁止的行为后应当承担哪些后果。将刑事政策具体化为刑法规定能够使人们更加清楚地了解刑事政策的基本要求，避免实施刑事政策所不允许的行为。第三，刑法以刑罚为手段，能够有效地保证刑事政策基本要求的实现。刑罚是最严厉的一种法律责任承担方式，能够对人们产生最强烈的威慑，迫使人们遵守刑法规定。刑事政策具体化为刑法之后就获得了刑罚的后盾保障。

当然，刑法并非是刑事政策唯一的实现形式。刑事政策还可能通过刑事程序法得以实现。有时刑事政策甚至不需要通过刑事法律来实现，而是通过直接指导刑事司法或者刑事执行来实现。但是无论如何，刑法都是刑事政策的重要实现形式。

（三）刑事政策与刑罚的关系

刑罚是刑法的两大基本范畴之一，刑事政策与刑罚的关系基本服从刑事政策与刑法的关系。本书只详细分析一下刑事政策对刑罚的具体指导作用。刑事政策对刑罚的指导作用具体表现在以下几个方面。

第一，刑罚目的的选择受刑事政策的指导。刑罚目的是立法选择的结果。刑法立法接受刑事政策指导，刑罚目的也一样，在不同的刑事政策指导下会选择不同的刑罚目的。比如我国刑事政策经历了从惩办与宽大相结合的刑事政策到“严打”刑事政策再到现在的宽严相济刑事政策的演变，与此同时，我国刑罚目的也经历了从“惩罚与预防犯罪”到“消灭犯罪”再到“预防犯罪”的过程。对照刑事政策的演变与刑罚目的的转变过程，不难看出两者紧密的联系。再比如当国家采取严厉的刑事政策时，惩罚（报应）被当作刑罚目的的可能性就变大；反之，当国家采取宽和的刑事政策时，预防会成为主要的刑罚目的。由于刑罚目的从根本上制约着刑罚的性质、内容、体系和方向，并且左右着刑罚的裁量和执行①，刑事政策对刑罚目的影响必然也直接和间接地反映到刑罚体系的设置、刑罚的司法适用和刑罚的具体执行上来。

第二，刑罚体系的设置受刑事政策的指导。刑罚体系是指国家的刑事立法以有利于发挥刑罚的积极功能、实现刑罚目的为指导原则，选择刑种、实行分类并依其轻重程度排成的序列。②因此，刑罚体系问题包括了刑罚种类的选择、刑罚的分类以及刑罚的排列问题。刑罚体系的设置受刑事政策的指导意味着刑种的选择、刑罚的分类以及刑罚的排列都受刑事政策的影响。

首先，刑种的选择受到刑事政策思想的直接影响。典型的表现比如我国战国时期十分推崇法家的“重刑轻罪，以刑去刑”的刑事政策思想，特别是秦国，在法家这种思想影响下，采用了十分严苛的刑罚，包括墨（在额头上刻字涂墨）、劓（割鼻子）、剕（砍脚）、宫（毁坏生殖器）以及大辟（死刑）奴隶制五刑，刑罚内容极其残忍，为的是造成强烈的威慑恐吓效应，以达到预防犯罪的效果；而从汉朝开始，多数朝代汲取因严刑峻法而灭亡的前车之鉴，逐渐采取较为宽和的刑事政策，刑种也逐渐发生变化，肉刑、宫刑等逐渐被废除，取而

---

① 参见高铭暄、马克昌主编：《刑法学》，北京大学出版社、高等教育出版社 2007 年版，第 243 页。

② 参见张明楷：《刑法学》，法律出版社 2016 年版，第 405 页。

代之笞、杖、徒、流、死封建制五刑。[①] 我国奴隶制五刑向封建制五刑的演变体现了刑事政策对刑种选择的指导性影响。当然，刑种的选择问题不仅包括轻重问题，还包括数量问题。采取严厉刑事政策的国家重刑在数量上总是占优势的，反之，采取宽缓刑事政策的国家轻刑的数量较多。纵观刑罚的演变历史，各国刑种的数量基本都是由少而多的发展，特别是死刑的限制及废除，自由刑的限制及替代措施的出现，具有教育功能、特殊预防功能的刑种的增多，都与以威慑预防为主的刑事政策向以教育改造为主的刑事政策的转变不无关系。

第一，刑罚的分类也受刑事政策的指导。刑罚的分类包括是否对刑罚进行分类、如何分类以及具体刑种如何归类等问题。目前对刑罚进行分类的国家主要有如下几种分类：主刑与附加刑；重刑、轻刑与附属刑；重罪之刑与轻罪之刑。[②] 无论是对刑罚进行分类的国家还是没有对刑罚进行分类的国家，都是立法者根据本国的社会条件、犯罪形势，从最有利于发挥刑罚的预防犯罪的功能出发而做出的安排，无不体现刑事政策的思想。在对某种具体刑种如何归类的问题上，也体现了各国不同的刑事政策选择。以罚金刑为例，在西方诸多国家罚金刑被归为主刑，这是因为西方自启蒙思想以来，私有财产就具有神圣不可侵犯的地位，财产对于公民的重要性不亚于自由等权利，因此将罚金作为打击和预防犯罪的主要手段能够产生很好的刑罚效果，也为普通民众所接受；在我国罚金刑一直被归类为附加刑，近些年有不少将罚金上升为主刑的呼声，但是立法不为所动，究其原因在于罚金在我国普通民众看来其严厉性不够，如果司法过多判处罚金刑，很容易遭受民众“以罚代刑”的质疑，罚金缺乏民意基础，国家很难利用罚金刑来打击严厉的犯罪，立法自然不会将罚金上升为主刑。罚金刑在西方国家和我国的地位无不受着国家打击犯罪需要的政策思想的指导。

第二，刑种在刑罚体系中的排列方式也受刑事政策的指导。刑罚体系并不是各种刑种杂乱拼凑而成，而是立法机关根据一定的立法价值倾向，考虑各种刑罚方法之间的逻辑规律，按照一定的标准有序排列的。[③] 观察世界各国刑法典中刑罚体系的安排，刑罚的排列规律有两种，一种是按照由重至轻的顺序排列，

---

① 参见吴汉东主编：《法学通论》，北京大学出版社 2012 年版，第 53 ～ 59 页。

② 参见张明楷：《外国刑法纲要》，清华大学出版社 2010 年版，第 370 页。

③ 参见齐文远主编：《刑法学》，北京大学出版社 2016 年版，第 261 页。

比如法国、日本等，另一种是按照由轻至重的顺序排列，比如俄罗斯和中国。不同的刑罚排列都是各国立法者根据本国文化、国情等，以最有利于发挥刑罚的功能为目标做出的安排，体现着刑事政策的思想。

包括刑种选择、刑罚分类以及刑种具体排列在内的刑罚体系的设置基本属于刑罚立法方面的问题，因此也可以说刑事政策指导着刑罚的立法。当然，刑罚的立法问题还可能包括刑度的选择、刑罚制度的设置以及分则中刑罚的具体配置等问题，这些方面的刑罚立法同样受刑事政策的指导。

第三，刑罚的司法适用受刑事政策的指导。刑事政策对刑罚适用方面的指导体现为三个方面：一是刑事司法严格按照刑法中的罪刑规定适用刑罚就是接受刑事政策指导的表现；二是刑事政策指导有关刑罚方面的司法解释。由于刑法用语的简洁性，关于刑罚的立法规定存在解释的空间。为了更好地发挥刑罚预防犯罪的功效，刑罚的司法解释需要以刑事政策精神为指导；三是刑事政策指导有关刑罚方面的自由裁量。虽然立法可以规定刑种、大致的刑度、刑罚制度等，但是刑种和刑罚制度在实践中的适用，个案中刑罚量的确定等都依赖于法官的自由裁量。自由裁量并非随意裁量，需要一定的限制，这个限制主要就是国家的刑事政策。

第四，刑罚的执行也离不开刑事政策的指导。首先，刑罚的执行受刑事政策的指导表现为刑罚执行制定的创设是在刑事政策指导下完成的。刑罚制度的创设是刑法立法的一部分，当然受刑事政策的指导。其次，刑罚执行制度的具体实施也受刑事政策的指导。比如我国对特殊的犯罪群体采取了特殊的刑事政策，这些特殊的刑事政策进一步指导这些特殊群体刑罚的执行。典型的如我国对未成年人犯罪群体采取的是以“教育为主，惩罚为辅”的刑事政策，因此在对未成年人犯罪执行刑罚时，会尽量选择对未成人有利的刑罚执行方式，比如尽可能采取非监禁执行方式，需要进行关押的，一般也会将未成人罪犯与成年罪犯分开关押，采取有教育意义的矫正方式等。可见，刑事政策对刑罚的执行具有指导意义。

二、宽严相济刑事政策与附加刑的特殊关系

附加刑既可以实现宽严相济刑事政策从宽的一面，又可以实现宽严相济刑

事政策从严的一面。此外，附加刑与主刑的配合以及附加刑体系内部各种刑罚的合理安排和运用还能够很好地实现宽与严的结合、协调。

（一）附加刑与宽严相济刑事政策之“宽”

附加刑对实现宽严相济刑事政策之“宽”具有积极的意义。附加刑可以在多方面实现宽严相济刑事政策之“宽”，主要有：第一，附加刑中的罚金刑是一种严厉程度较小的财产刑，对轻微的犯罪单处罚金体现了宽严相济刑事政策“宽”的一面。可以通过扩大单处罚金的适用范围来推进宽严相济刑事政策“宽”的一面。第二，附加刑具有非监禁性的特点。附加刑能够克服监禁刑给犯罪分子产生的不良影响。附加刑中的财产刑与资格刑都不以剥夺犯罪分子人身自由为内容，刑罚的执行在监狱之外便可完成，不会割裂犯罪分子与其家属以及外界社会的联系，因而避免了犯罪分子重新社会化的问题，同时附加刑还避免了犯罪分子在监狱交叉感染，或者在监狱中被欺凌等问题，避免了犯罪分子人身危险性加重以及合法权利被侵害等问题，体现了宽严相济刑事政策宽缓的一面。充分利用附加刑对监禁刑的替代作用有助于进一步推进宽严相济刑事政策 “宽”的一面的实现。第三，轻缓的附加刑执行方式也是宽严相济刑事政策“宽”的一面的体现。目前我国刑法规定了诸多轻缓的附加刑执行方式，例如罚金刑，刑法规定了分期缴纳、延期缴纳以及免除缴纳等多种罚金刑执行方式，较为充分地考虑了犯罪分子因为一些特殊原因不能及时缴纳罚金或者不能一次性缴纳罚金的情形，体现了刑罚执行方式的缓和和刑罚人道主义精神，是宽严相济刑事政策从宽精神的体现。又例如没收财产刑，刑法规定了给犯罪分子和家属预留基本生活费用，赋予了债权人的请求权，体现没收财产执行中的人道性，也是宽严相济刑事政策之“宽”的体现。为了推进宽严相济刑事政策从宽的一面，需要继续完善轻缓的附加刑执行方式。当然，除了上述三方面外，附加刑在适用范围、数额（刑期）上的具体把握也影响着宽严相济刑事政策“宽”之实现。

（二）附加刑与宽严相济刑事政策之“严”

附加刑对实现宽严相济刑事政策之“严”也有积极的意义。附加刑在实现宽严相济刑事政策之“严”时也有多方面的表现，主要有：第一，附加刑能够附加主刑适用的适用方式，能够在整体上增强刑罚的严厉性，是实现对严重犯罪从严处罚的重要途径之一，体现宽严相济刑事政策之“严”。我国刑法对严重刑事犯罪除了采取某种十分严厉的主刑处罚模式之外，对诸多严重刑事犯罪都采取了主刑加附加刑的处罚模式。对于实施严重刑事犯罪的犯罪分子除了进行生命或者人身自由的剥夺或限制外，还进行经济上和政治上的剥夺与否定，体现国家对严重刑事犯罪从严处罚的态度。要充分利用附加刑附加适用方式来实现对严重犯罪的严重打击，实现宽严相济刑事政策之“严”。第二，附加刑中也有较为严厉的刑罚方法，主要适用于严重的刑事犯罪，体现了宽严相济刑事政策“严”的一面。附加刑中的没收财产刑是将犯罪分子个人所拥有的一部分或者全部分财产强制无偿收归国家所有的刑罚方法，是一种十分严厉的附加刑种类。没收财产是附加刑的一种，虽然理论上可以独立适用，但是根据刑法分则的规定，没收财产无一处独立适用的规定，这与没收财产的严厉性不无关系。附加刑中的剥夺政治权利刑也是一种体现对严重刑事犯罪从严处罚的刑罚方法。剥夺政治权利刑主要适用于故意杀人、强奸、放火、爆炸、投毒、抢劫等严重破坏社会秩序的犯罪分子以及被判处死刑、无期徒刑的犯罪分子，是对罪行严重的犯罪分子的一种强烈政治谴责。在贯彻宽严相济刑事政策从严的一面时，不可忽视对这些严厉附加刑的运用。第三，附加刑还能在执行方式上实现宽严相济刑事政策之“严”。以罚金为例，一次性缴纳制度、强制缴纳制度以及随时追缴制度都体现了罚金执行的严厉性，是宽严相济刑事政策之“严”的体现。贯彻宽严相济刑事政策之“严”，也不可忽视对严厉的附加刑执行措施的设置和运用。此外，附加刑在适用范围、数额（刑期）上的具体把握也影响着宽严相济刑事政策之“严”的实现。

（三）附加刑与宽严相济刑事政策之“济”

宽严相济刑事政策之“济”主要是指宽严配合，宽严协调。附加刑可以从两个方面实现宽严相济刑事政策之“济”。一方面，附加刑与主刑构成的主附加刑刑罚体系本身就是宽严相济的体现。附加刑与主刑作为两类轻重不同的刑罚方法，能够适用于严厉程度不同的犯罪。虽然主刑一直被认为是对犯罪适用的主要刑罚方法，但是主刑并非对所有犯罪都适用，特别是对一些轻微的刑事犯罪，如果过量适用主刑可能造成罪刑不均衡或者刑罚不人道。附加刑能够对主刑的严厉性进行调和，在轻微刑事犯罪中发挥独特的作用，在个罪中实现宽严协调。另一方面，附加刑体系内部各种刑罚也存在轻重的区分，能够适用于不同程度的犯罪。附加刑中没收财产与剥夺政治权利常常适用于严重犯罪，而罚金刑在轻微犯罪中则有独特的优势。不同严厉程度的附加刑种类使附加刑体系实现宽严相济成为可能。

第二章
宽严相济刑事政策指导下的罚金刑

罚金是人民法院判处犯罪分子向国家缴纳一定数额金钱的刑罚方法。[①] 通常认为罚金刑是一种较轻的财产刑，属于轻刑的一种。罚金刑通过剥夺犯罪分子一定数额的财产，能够使犯罪分子感受到财产损失的痛苦，对于打击贪利型犯罪具有特殊的作用；罚金刑严厉性小的同时还具有非监禁性的特征，可以避免犯罪分子在监狱中交叉感染，是很好的短期自由刑替代措施。罚金刑具备的这些功能使罚金成为各国广泛使用的一种刑罚方法。在不同国家，罚金刑在刑罚体系中的地位存在差异，一些国家将罚金刑作为主刑，一些国家将罚金刑作为附加刑，还有一些国家罚金刑既可以是主刑又可以是附加刑。根据我国刑法的规定，罚金刑属于附加刑的一种。罚金刑是我国附加刑中严厉程度最小的一种刑罚方法。

第一节　我国罚金刑的历史演变

每一种新的法律制度的形成或多或少的都受到先前的法律制度的影响[②]，罚金也不例外。我国现行刑法中罚金刑的规定是以我国历史上的罚金刑规定为起点和阶梯的。要研究我国现行刑法中的罚金刑，首先需要弄清我国罚金刑的来龙去脉。在我国，罚金刑是一种古老的刑罚方法。我国罚金刑经过了原始社会、奴隶社会、封建社会、半殖民地半封建社会以及社会主义社会的发展阶段，最终形成了我国现行刑法中的规定。

一、我国古代时期的罚金刑

对于我国罚金刑的起源，学界存在分歧。主流观点认为我国罚金刑最早的

---

① 参见齐文远主编:《刑法学》，北京大学出版社 2016 年版，第 272 页。
② 参见张文显主编:《法理学》，高等教育出版社、北京大学出版社 2007 年版，第 207 页。

表现形式是以金钱或者财物为内容的“赎刑”，历史可以追溯至唐虞之世。[①]也有学者不认同这种观点，认为虽然罚金刑与赎刑表现形式一样，但两者属于两种性质不同的刑种，赎刑的起源不是罚金刑的起源，作为独立刑种的罚金刑起源于西周，“罚丝”“罚帷”“罚幕”是罚金刑的萌芽形式。[②]两种观点的主要分歧在于古代以金钱或者财物为内容的赎刑是否是罚金刑，如果将以金钱或者财物为内容的赎刑评价为罚金刑，则可将产生时间更早的赎刑作为罚金刑的起源，如果不认为以金钱或者财产为内容的赎刑是罚金刑，则两者的起源应当分开来算。笔者赞同主流罚金刑起源的观点，认为现代意义上的罚金刑起源头可以追溯到古代以金钱或者财物为内容的赎刑。我国古代的赎刑与现代的易科罚金十分相似。从性质上来看，我国古代的赎刑与易科罚金都是替代其他刑罚、追究犯罪分子刑事责任的措施。我国古代的赎刑是指犯罪分子本来应当判处其他刑罚，但是由于存在一些特殊情况，主要是犯罪认定有疑惑可以宽宥处罚时，转而用金钱或者财物来折抵其他刑罚。比如在西周时期，对于认定存在疑问的犯罪可以从宽处罚，用金钱替代原本的刑罚，五个等级不同的赎刑对应着五种轻重不同的刑罚。[③]易科罚金是指犯罪分子原本被判处短期自由刑，出于避免短期自由刑弊端的考虑，用罚金替代短期自由刑的执行。无论是我国古代的赎刑还是易科罚金，其前提都是认定犯罪分子的行为构成犯罪，因而都是刑事责任的承担方式。从目的上来讲，我国古代赎刑与易科罚金都有预防犯罪的思想理念。虽然我国赎刑受为特权阶级服务的诟病（我国古代普通百姓经济条件差，赎刑基本沦为贵族特权），但是对于特权阶级犯罪，不是直接免除刑罚，而仍然是以金钱替代刑罚，剥夺其一定的财产权益，也能让其吸取教训，体现了预防犯罪的思想。易科罚金本身就是为了克服短期自由刑不仅没有改造犯罪分子，反而使其交叉感染，增加了再犯罪的危险的弊端而适用的，其目的就是为了更好地预防犯罪。从内容上来看，我国古代赎刑与易科罚金都是以金钱或者财物替代其他刑罚方法为内容，两者关注的都不是罚金原本的特殊预防功能（以剥夺财产为内容从而限制或者剥夺犯罪分子再犯能力的特殊预防功能），而是罚金的替

① 参见邵维国：《罚金刑论》，吉林人民出版社 2004 年版，第 25 页。

② 参见王洪青：《附加刑研究》，华东政法大学博士学位论文 2008 年，第 29 页；邵维国：《罚金刑论》，吉林人民出版社 2004 年版，第 32 页。

③ 参见邵维国：《罚金刑论》，吉林人民出版社 2004 年版，第 27 页。

代功能。基于我国古代赎刑与易科罚金的相同点，本书认为古代以金钱或者财物为内容的赎刑是现代意义罚金刑的早期表现形式，故罚金起源可以追溯至赎刑时代。

根据古籍《尚书·舜典》的记载“金作赎刑”以及《吕刑》的记载“吕命穆王训夏赎刑，作《吕刑》”，赎刑最早可以追溯到上古部落时期。到西周时期，赎刑制度已经相当系统。《尚书·吕刑》记载：“墨辟疑赦，其罚百锾，阅实其罪。劓辟疑赦，其罚惟倍，阅实其罪。剕辟疑赦，其罚倍差，阅实其罪。宫辟疑赦，其罚六百锾，阅实其罪。大辟疑赦，其罚千锾，阅实其罪。”[①]可以看出西周刑法对赎刑的适用条件、适用范围、如何折抵等都有较为详细的规定。后来的历朝历代基本都有赎刑，只是制度不尽相同。从有关典籍的记载来看，大致上，历代五刑之中，上自死刑，下到杖、笞，都可以赎。赎罪的财物，上古用铜[②]；西汉用黄金，有时候用钱；东汉用缣；魏晋以后多用绢；隋代用铜；唐、宋沿用隋制，用铜；元代用钞；明清用铜钱。由于历代赎刑的金额都十分高，普通老百姓根本没有相应的经济能力，因此赎刑制度基本是为贵族阶级服务的。

除了赎刑这种形式的罚金刑之外，罚金刑作为单独的适用于犯罪的刑罚是在商品经济发展到一定阶段且货币在社会生活中广泛使用后产生的。这种形式的罚金刑一般是专门针对轻罪的一种刑罚，晚于赎刑产生。根据有关史料记载，西周中期出现的“罚丝”“罚帷”“罚幕”是这种形式罚金刑的早期表现。《墨子·非乐上》记载：“其刑，君子出丝二卫”以及《地官·司市》记载：“国君过市，则刑人赦；夫人过市，罚一幕；命夫过市，罚一盖；命妇过市，罚一帷”，其中“丝”“幕”“盖”“帷”都是所罚之物。历代作为独立刑罚的罚金刑在内容上有所区别。比如战国至秦朝，罚金刑主要表现为赀刑，以赀甲、赀盾、赀物、赀布等为内容；两汉魏晋时期罚金刑以金钱为内容；清朝入关之前罚金刑的以罚锾、罚牛羊为主。[③]

综上可见，我国古代有两种形式的罚金刑：一种是以金钱或者财物为内容的赎刑，主要起着替代其他刑罚方法的作用；另一种是专门针对轻罪设置的作

① 茅彭年：《吕刑今释》，群众出版社1984年版，第21页。
② 参见肖永清：《中国刑法史教程》，法律出版社1995年版，第13页。
③ 参见张晋藩：《清朝法制史》，法律出版社1994年版，第59页。

为独立刑罚的罚金刑。在诸多朝代，两种形式的罚金刑并存，分别发挥着不同的作用。

二、革命战争时期的罚金刑

我国革命战争时期，革命根据地除了短时期存在于全国性政权中华苏维埃共和国临时中央政府外，长期处于没有中央一级政权机关的状态，因此少有统一的刑事法典。绝大多数刑事法规都是各个根据地政府制定的，与中国共产党、军事领导机关及其他革命组织制定的带有刑法性质的规范性文件共同发挥着打击犯罪的作用。革命战争时期，一切活动都围绕夺取政权和巩固革命成果进行，罚金刑的运用也不例外。

第一次国内革命战争时期，对于情节轻微的贪污犯罪可以“罚款”，湖北、湖南两省制定的惩治土豪劣生条例规定，对侵蚀公款和敛财肥己的人，在主刑之外，需要并科贪污数额 2 倍以下罚金。对于农民运动中舞弊者和破坏者以及违反禁烟、禁毒法令者，“罚款”数十元至数千元。

第二次国内革命战争时期，1930 年《中央通知第 185 号》规定对犯罪处以“罚款”，“罚款”对象仅限于本人，从犯罪分子的土地财产中执行罚款。1930 年闽西《禁止私人收买金银首饰》规定在赤色区域收买金银的，处 10 倍以上罚金。1931 年《赣东北特区苏维埃暂行刑律》在妨碍卫生罪等少数条款中规定处卖价 2 倍以下或者百元以下罚金。

抗日战争时期，为了巩固边区金融，各地先后制定了破坏金融罪的有关条例，罚金刑成为打击此类犯罪的重要刑罚方法。罚金刑适用方式包括并科、选科、专科等多种形式。大多数条例都规定了并科罚金；也有规定选科罚金的，比如 1941 年 12 月《陕甘宁边区破坏金融法令惩罚条例》规定：（1）凡在边区境内买卖，不以边币交换作价者，以破坏金融论罪，其钱货没收。（2）在边境内故意拒用边币者，按其情节轻重，处以 1 个月以上 6 个月以下之劳役，或科处 1000 元以上 10000 元以下之罚金；还有少数条例规定专科罚金，比如晋冀鲁豫边区对于破坏金融的犯罪分子主要处以罚金刑，1941 年 5 月《晋冀鲁豫边区禁止敌伪钞票暂行办法》规定：（1）一切敌伪钞票，在本区内绝对禁止携带、保存与行使……（2）违反前条规定，一经查获，除予以没收，并按其保存、携带、行使之不同行为，酌处罚金……最低标准是不满 20 元者，处 30% ～ 50% 的罚金。最高 400 元以上者，处 3 倍至 5 倍的罚金。

这一时期，有的地区还规定了易科罚金。《修正淮海区审理司法案件暂行办法》规定，被判处有期徒刑或者拘役的人，因为抗战环境、身体、职业、家庭等原因不能执行的，可以易科罚金，折抵标准是 1 元以上 5 元以下抗币折抵一日刑期，折抵的罚金在宣判后 1 个月内缴纳。苏中区也规定了易科罚金，但是将能够折抵的有期徒刑期限限制在 2 年以下，折抵标准为 1 元至 2 元抗币折抵刑期 1 日，缴纳期限仍然是宣判之后 1 个月内。

为了防止罚金滥用，各个地区出台了一些规定。山东省将罚金宣告权限制在县级以上司法机关，并且规定了罚金宣告的程序；缴纳的罚金需要上交，不得由执行机关自行使用。晋察冀边区则规定应当根据犯罪情形和犯罪分子的经济状况判处罚金，不得向高额罚金看齐，以免犯罪分子出狱之后由于生活困难而发生其他意外。陕甘宁边区注意到罚金对于有钱人和穷人的不同影响，为了避免穷人交不起罚金，富人通过罚金逃避刑罚，主张少用罚金，特别注重慎用易科罚金。

第三次国内革命战争时期的罚金刑与抗日战争时期大致一样，罚金适用方式主要是并科和专科。对于易科罚金，各地态度不一，有些地区规定可以适用，有些地区规定暂停适用。允许适用易科罚金的地区也十分谨慎，需要考虑诸多因素，包括罪行轻重、政治影响、群众反映、当地经济水平以及犯罪分子实际经济能力等。①

解放战争胜利之后到新中国成立前夕，随着解放区范围日益扩大，维护社会治安、惩治一般刑事犯罪的法规越来越多，罚金刑在打击一般刑事犯罪中的作用也开始显现。罚金除了继续在打击破坏金融犯罪中起作用外，还在打击毒品犯罪、交通肇事罪等犯罪中发挥作用。1945 年《晋冀鲁豫边区毒品治罪暂行条例》规定对经过戒毒期限仍然吸食毒品者，处 1 年以下劳役，并科 3000 元以下罚金；三次以下吸食者，处 1 年以上劳役，并科 3000 元以下罚金；三次以后再犯者，处死刑。帮助他人施打吗啡或者吸用毒品者，处 7 年以下有期徒刑，并科 1000 元以下罚金。1949 年《东北解放区交通肇事犯罪处罚暂行条例》第

① 参见张希坡：《中华人民共和国刑法史》，中国人民公安大学出版社 1998 年版，第 374 ～ 376 页。

2条规定：车辆驾驶人，因过失发生交通肇事伤害人者，处6个月以下有期徒刑、拘役或者30万元以下罚金。

综上可以看出，革命战争时期由于缺乏统一的全国性的刑事法律，罚金刑的设置和运用都由各个根据地政权予以规定。除了罚金适用方式大致相似外，各个根据地罚金刑在适用对象、适用范围、数额标准等方面不尽相同，有时差异甚大。但总体看来，罚金刑的地位和作用随着革命任务的逐步推进和社会矛盾的演变逐渐提高和凸显。革命根据地时期的罚金刑规定为新中国成立后罚金刑体系的构建奠定了基础。

三、新中国成立后的罚金刑

新中国成立之后到1979年刑法颁布之前，我国刑法事业经历了初步发展到被全面破坏两个阶段。

新中国成立之后，为了巩固新生政权，我国致力于在各方面包括法制建设上与旧社会一切落后制度划清界限，旧时存在的罚金刑中诸多内容，比如易科罚金被认为是“六法陋习”，罚金刑被列为“慎用”的刑罚。立法上只有少部分的罚金刑规定，适用方式以并科为主，主要适用于贪污犯罪、偷税漏税、盗骗国家资产、偷工减料等犯罪。司法上，国家明确禁止徒刑易科罚金、禁止专科罚金并且严格限制罚金适用范围。1950年11月10日发布的《最高人民法院处理烟毒犯应坚决废止专科与易科罚金办法》对山西、辽宁两省人民法院对烟毒犯专科罚金和易科罚金的做法提出了严厉的批评，认为易科罚金是“伪六法”中的陋习，法院判处烟毒犯易科罚金“沾染了旧法观点”，危害社会，应当坚决予以禁止。1951年1月8日发布的《最高人民法院华东分院关于财产刑罚使用问题的指示》进一步对罚金刑的适用问题提出要求，该指示规定除了对烟毒犯禁用专科罚金和易科罚金外，对于业务过失致人死亡、伤害、奸淫等犯罪都不能科处罚金；对于贪图财产不法利益的犯罪，仅用自由刑尚不足以达到惩罚改造目的，必须附加财产刑处罚时，才能酌情科处罚金；科处罚金时，需要充分考虑被告的经济负担能力和家庭生产生活情况；停止使用一些以罚金抵充徒刑的办法。同年6月20日《最高人民法院华东分院对上海市人民法院检查财产刑罚使用问题的通报》规定在数罪并罚案件中，对于获取不法财产利益的犯罪可以适用罚金，对其他犯罪应适用徒刑或者拘役；罚金不能缓刑。9 月 12 日《司法部关于财产刑罚使用问题的检查报告的批复》规定对以权势压迫他人的人及随从一般不适用罚金，但有时可以并处罚金以达到惩罚目的；对贪利犯罪并处罚金属于罚当其罪；对于轻微犯罪，专科罚金较为合适时可以专科罚金；任何形式的罚金都不得缓刑。

1954 年《中华人民共和国宪法》的颁布标志着我国法制建设进入新的阶段，我国刑事法律也得到进一步充实和发展。罚金刑在立法上并无较大的变化。在司法上，1960 年 5 月 12 日最高人民法院发布了《最高人民法院关于不能用罚金折服劳役问题的复函》，指出对应当科处罚金而犯罪分子抗延不交的，应当强制执行；或者根据具体情节给予适当的刑事处分，不能以罚金折服劳役。如果查明被告人确实无力缴纳罚金，可考虑斟酌减免。该复函实际上包含了罚金适用的三个规则：禁止以罚金替代劳役；罚金强制缴纳规则；罚金减免规则。

纵观新中国成立之后到 1979 年刑法颁布之前这段时间我国罚金刑的发展，可以发现罚金刑发展的两个特点：一方面，罚金被看作是旧社会的遗留物，国家对罚金刑的立法和司法适用都十分保守、谨慎，罚金地位较低，规定不多；另一方面，为了严格区分新中国的罚金刑与旧社会的罚金刑，并且审慎地适用罚金刑，国家创制了诸多罚金刑适用规则，包括禁止易科罚金，严格限制单处罚金，将罚金适用范围限制在贪利型犯罪中，禁止罚金缓刑，罚金强制缴纳，罚金减免等规则，极大地丰富和发展了我国罚金刑制度，也为 1979 年刑法中罚金刑的设置奠定了基础。

四、1979 年刑法颁布后的罚金刑

1979 年刑法制定之时，“文化大革命”刚结束不久，百废待兴，人民的经济水平十分低下，司法观念也十分淳朴，罚金刑基本是作为点缀规定在刑法之中。1979 年刑法中只有 21 个犯罪设置了罚金刑，其中 9 个破坏社会主义经济秩序罪，1 个侵犯公民人身权利、民主权利罪，11 个妨害社会管理秩序罪。1979 年刑法分则中共有 103 个罪名，设置罚金刑的罪名占整个分则罪名的 20% 左右。罚金的适用方式包括并处罚金、选处罚金和复合罚金三种。分则中，并处罚金规定有 10 处且全部为“得并制”罚金，选处罚金规定有 7 处，复合罚金

规定有 3 处。罚金刑的适用规则是：罚金刑的数额根据犯罪情节决定；罚金缴纳方式有一次性缴纳和分期缴纳之分；对于期满犯罪分子不缴纳的情形，规定了强制缴纳制度；对于犯罪分子遭遇不可抗拒的灾祸不能缴纳的情形，规定了酌减制度和免缴制度。

惩办与宽大相结合刑事政策是制定 1979 年刑法所依据的基本刑事政策。从整体上来看，1979 年刑法中罚金刑的规定符合惩办与宽大相结合刑事政策的基本精神。并处罚金模式、一次性缴纳制度、强制缴纳制度等体现了从严适用和执行罚金刑的基本立场，是惩办与宽大相结合刑事政策中惩办一面的重要表现；而选处罚金和复合罚金中的单处罚金、分期缴纳制度、酌减制度以及免缴制度则体现了罚金刑的人性化和人道性，是惩办与宽大相结合刑事政策宽大一面的重要体现；根据犯罪情节的轻重决定罚金数额的多少的规定则体现了惩办与宽大相结合刑事政策区别对待的核心精神。另外，在分则中，对于法定刑为 2 年以下有期徒刑的犯罪，只有罚金刑的规定，没有没收财产的规定，而对于法定刑为 10 年以上有期徒刑的犯罪，只有没收财产刑的规定，没有罚金刑的规定。依据我国传统刑法观念，没收财产刑重于罚金刑，分则中的这种安排整体上体现了对轻微犯罪宽大处理的精神和对严重犯罪严厉惩办的立场，是惩办与宽大相结合刑事政策在财产刑配置中的充分体现。

1979 年刑法颁布之后，为了应对不断变化的犯罪形势，我国相继出台了多个单行刑法、附属刑法、司法解释以及与刑法有关的行政法规，极大地丰富了我国刑法立法。罚金刑的适用范围随着新罪名的增加逐渐扩大。典型的比如 1994 年通过的《全国人民代表大会常务委员会关于惩治侵犯著作权的犯罪的决定》在增加侵犯著作权罪时增加了罚金规定；1995 年通过的《全国人民代表大会常务委员会关于惩治违反公司法的犯罪的决定》在增加虚报注册资本罪、虚假出资、抽逃出资罪等罪时，增加了罚金规定；1995 年通过的《全国人民代表大会常务委员会关于惩治破坏金融秩序犯罪的决定》增加了多个破坏金融犯罪罪名的同时增加了罚金规定；1995 年通过的《全国人民代表大会常务委员会关于惩治虚开、伪造和非法出售增值税专用发票犯罪的决定》增加虚开增值税专用发票、伪造、出售伪造的增值税专用发票罪等多个罪名，同时增加了罚金规定。后来这些单行刑法和附属刑法中的罚金刑规定基本为 1979 年刑法所吸收。

五、1997 年刑法颁布后的罚金刑

（一）1997 年刑法中的罚金刑

1997 年刑法对 1979 年刑法中罚金刑规定的修改幅度是巨大的。主要表现在：首先，罚金刑的适用范围得到了极大的扩张。罚金刑不仅适用于破坏社会主义市场经济秩序罪，侵犯公民人身权利、民主权利罪以及妨害社会管理秩序罪三章中的犯罪，还适用于危害公共安全罪、侵犯财产罪、贪污贿赂罪、危害国防利益罪等章中的犯罪。特别是单位罚金刑的增加使得罚金适用范围由原来主要针对以获得某种经济利益为目的的犯罪扩大到其他类型的犯罪中去。其次，罚金刑在分则中的比例得到极大提高。1997 年刑法颁布之初，设置有罚金刑的罪名增加至 150 个左右，当时刑法分则罪名约为 420 个，规定有罚金刑的罪名约占整个分则罪名的 36%。在新增加的罚金刑罪名中，一些是 1979 年刑法中就存在的犯罪，1997 年刑法只是在原来主刑基础之上增加了罚金刑规定，一些犯罪则是 1979 年刑法中没有的罪名，1997 年刑法在增加新罪名的同时新增了罚金刑的规定。再次，增加了诸多刑罚裁量与执行原则和制度，包括民事赔偿优先于罚金的规定、随时追缴制度以及罚金一律上缴国库的规定。

相比 1979 年刑法中的罚金刑规定，1997 年刑法中罚金刑的规定具有进步性。从罚金刑适用范围的扩大和罚金刑规定数量的增加以及罚金分则比例的增加可以看出，罚金刑的作用越来越凸显，罚金刑地位得到了提升。1997 年刑法对罚金刑的重视与当时的时代背景分不开。到 1997 年为止，我国改革开放已经进行近 20 年时间，市场经济在我国已经确立并且初见成效，经济利益在人们生活中的地位逐渐凸显，以获取经济利益为目的的犯罪逐渐增加，针对以获取经济利益为目的的犯罪，以剥夺财产为内容的罚金刑具有独特的打击和预防犯罪的作用，因此罚金刑地位的上升成为必然。这一时期罚金刑的扩大适用主要在于严厉打击以经济利益为目的的犯罪。

（二）刑法修正案对罚金刑的修改

自 1997 年刑法颁布以来，我国一共颁布了九个刑法修正案。除了《刑法修正案（二）》未对罚金刑进行修改外，其他六个刑法修正案对罚金刑的修改幅度较小。《刑法修正案（一）》增加隐匿、故意销毁会计凭证、会计账簿、财务会计报告罪时规定了罚金刑，《刑法修正案（三）》增加资助恐怖主义活动罪

时规定了罚金刑，《刑法修正案（四）》增加走私废物罪时规定了罚金刑，《刑法修正案（五）》《刑法修正案（六）》以及《刑法修正案（七）》新增加的罪名中有 15 个罪名都规定了罚金刑，进一步扩大了罚金刑的适用范围。《刑法修正案（六）》和《刑法修正案（七）》还直接修改了部分犯罪罚金刑规定。《刑法修正案（六）》将操纵证券、期货市场罪中的罚金刑数额确定方式由倍数罚金调整为了无限额罚金；《刑法修正案（七）》修改了绑架罪的量刑情节和法定刑，增加了情节较轻中罚金刑的规定，规定对于情节较轻的必须并处罚金。

《刑法修正案（八）》和《刑法修正案（九）》对罚金刑的修改幅度是巨大的。以宽严相济刑事政策为直接指导，《刑法修正案（八）》《刑法修正案（九）》对罚金刑既做出了部分宽缓的修改，也进行了部分从严的调整。

罚金刑从严方面的调整主要表现在：（1）增加并处罚金刑的规定。这些规定有：在增加危险驾驶罪的同时规定必须并处罚金；增加非法集资罪、金融票据诈骗罪、信用证诈骗罪中单位犯罪中直接负责的主管人员和其他直接责任人员并处罚金的规定；增加虚开其他发票罪时同时规定必须并处罚金；增加持有伪造发票罪同时规定必须并处罚金；在强迫交易罪中增加情节严重的规定的同时规定必须并处罚金；增加组织出卖人体器官罪同时规定并处罚金；修改强迫劳动罪的情节并规定必须并处罚金；增加协助强迫劳动罪并规定必须并处罚金；增加强迫劳动罪中的单位犯罪并规定罚金；在敲诈勒索罪中增加并处罚金的规定；增加拒不支付劳动报酬罪同时规定并处罚金；增加寻衅滋事罪情节严重的并处罚金刑的规定；增加组织、领导黑社会组织罪中并处罚金的规定；增加组织、领导、参加恐怖主义活动罪、帮助恐怖活动罪中积极参加者和其他参加者并处罚金的规定；增加准备实施恐怖活动罪、宣扬恐怖主义、极端主义、煽动实施恐怖活动罪、利用极端主义破坏法律实施罪、强制穿戴宣扬恐怖主义、极端主义服饰、标志罪、非法持有宣扬恐怖主义、极端主义物品罪的同时规定并处罚金；增加对公司、企业及其他单位行贿罪中数额较大情节并处罚金的规定；在伪造、变造、买卖或者盗窃、抢夺、毁灭国家机关的公文、证件、印章罪、伪造公司、企业、事业单位、人民团体的印章罪以及伪造、变造、买卖居民身份证、护照、社会保障卡、驾驶证罪中增加并处罚金的规定；新增使用伪造、变造的或者盗用他人的居民身份证、护照、社会保障卡、驾驶证罪的同时规定可以并处罚金；增加非法生产、销售专用间谍器材罪和非法生产、销售窃听、窃照专用器材罪中并处罚金的规定；增加组织考试舞弊罪、帮助考试舞弊罪、替考罪的同时规定并处罚金；增加拒不履行信息网络安全管理义务罪的同时规定并处罚金；增加非法利用信息网络罪与帮助信息网络犯罪活动罪同时规定并处罚金；在干扰无线电通讯管理秩序罪中增加情节严重的并处罚金的规定；在组织、利用会道门、邪教组织或者利用迷信破坏国家法律、行政法规实施罪的各个情节中规定并处罚金；增加虚假诉讼罪的同时规定并处罚金；增加泄露不应公开的案件信息罪和披露、报道不应公开的案件信息罪的同时规定并处罚金；在拒不执行判决、裁定罪中增加情节特别严重的规定的同时规定并处罚金；增加为参加恐怖活动组织、接受恐怖活动培训或者实施恐怖活动偷越国（边）境罪同时规定并处罚金；在贪污罪中增加并处罚金的规定；增加行贿罪中并处罚金的规定；增加对有影响力者行贿罪同时规定并处罚金；在对单位行贿罪中增加并处罚金的规定；在介绍行贿罪中增加并处罚金的规定；增加单位行贿罪中直接负责的主管人员和其他责任人员并处罚金的规定等。(2) 修改罚金刑数额确定规则，青睐无限额罚金制。一是将倍比罚金调整为无限额罚金，主要是将生产、销售假药罪，生产、销售不符合食品安全标准的食品罪以及生产、销售有毒、有害食品罪中罚金刑数额确定方式由倍比罚金制改为无限额罚金制，体现了刑法对这三类犯罪从严治理的态度；二是将限额罚金调整为无限额罚金，主要是将伪造货币罪中罚金数额确定方式由原来的限额制修改为无限额制。(3) 增加单位犯罪，扩大罚金刑的适用范围。新增的单位犯罪有：持有伪造的发票罪，强迫劳动罪，拒不支付劳动报酬罪，资助恐怖主义活动罪，帮助恐怖主义活动罪，非法出售、提供公民信息罪，非法获取公民信息罪，虐待罪，非法生产、销售专用间谍器材罪，非法生产、销售窃听、窃照专用器材罪，非法侵入计算机信息系统罪，提供侵入、非法控制计算机信息系统程序、工具罪，破坏计算机系统罪，拒不履行信息网络安全管理义务罪，非法利用信息网络罪，帮助信息网络犯罪活动罪，虚假诉讼罪，披露报道不应公开的案件信息罪，拒不执行判决裁定罪，对有影响力的人行贿罪等。

罚金刑从宽方面的调整主要表现在：(1) 增加罚金延期缴纳制度。《刑法修正案（九）》增设了由于遭遇不能抗拒的灾祸等原因，缴纳罚金确实有困难的，经人民法院裁定，可以延期缴纳的规定，考虑到犯罪分子的经济状况和特殊情况，体现了刑法的人道性，是刑罚宽缓化的重要体现；(2) 增加单处罚金的规定（这里的单处罚金包括仅规定了罚金的情况、罚金与其他刑罚选科能够单处的情况以及复合罚金中可以单处罚金的情况）。具体包括：增加敲诈勒索罪中数额较大或多次敲诈勒索情节中单处罚金的规定；增加拒不支付劳动报酬罪一般情节单处罚金的规定；增加非法持有宣扬恐怖主义物品罪单处罚金的规定；增加使用、盗用虚假身份证件罪单处罚金的规定；增加非法生产、销售专用间谍器材罪和非法生产、销售窃听、窃照专用器材罪单处罚金的规定；在组织考试作弊罪、帮助组织考试作弊罪、帮助他人考试作弊罪以及代替考试罪中规定单处罚金；在拒不履行信息网络安全管理义务罪中规定单处罚金；在非法利用信息网络罪、帮助信息网络犯罪活动罪中规定单处罚金；增加组织、利用会道门、邪教组织、利用迷信破坏法律实施罪中情节较轻的单处罚金的规定；增加虚假诉讼罪中一般情单处罚金的规定；在泄露不应公开的案件信息罪和披露报道不应公开的案件信息罪中规定单处罚金。单处罚金是相对轻缓的刑罚方式，具有非监禁性，其不限制犯罪人的人身自由，因而不会造成犯罪分子在狱中交叉感染；不会割裂犯罪分子与家庭、单位、社区以及整个社会的联系，因而不存在犯罪分子重新社会化的问题。单处罚金的扩大适用是刑罚轻缓化的表现。

《刑法修正案（八）》《刑法修正案（九）》较之以往刑法修正案，对罚金刑的修改幅度都是空前的，两个修正案主要从三个方面扩大了罚金刑的适用范围，一是增加新罪名的同时规定罚金刑，二是在原有罪名基础之上新增罚金刑的规定，三是增加单位犯罪，扩大罚金刑的适用。两个修正案对罚金刑的修改既有从严的一面也有从宽的一面，前者主要表现在并处罚金刑的增多和无限额罚金制的采用，后者主要表现在罚金延期缴纳制度的建立以及单处罚金刑的增多。罚金刑从严、从宽两方面同时改进较好地体现了宽严相济刑事政策的基本精神。但是从罚金刑从严调整与从宽调整的整体幅度和范围而言，罚金刑从严调整幅度和范围比从宽调整的幅度和范围要大得多，体现了罚金刑宽严发展的不平衡。

第二节　我国罚金刑存在的问题

在罚金刑中贯彻宽严相济刑事政策精神首先需要以宽严相济刑事政策为视

角对我国罚金刑的立法、司法和执行进行审视，找出其中违背宽严相济刑事政策的地方。目前我国罚金刑在适用方式、罚金数额以及执行中都存在违背宽严相济刑事政策的地方。需要对这些问题进行分析，找出引发这些问题的原因。

一、我国罚金适用方式存在的问题

我国单处罚金体现宽严相济刑事政策之“宽”，并处罚金体现宽严相济刑事政策之“严”，但是司法实践中无论是单处罚金还是并处罚金都没有很好地实现两种适用方式设置的初衷，发生了一些与宽严相济刑事政策基本要求背离的现象。

（一）单处罚金少，“该宽没宽”现象时有发生

1. 我国单处罚金现状——立法规定少，司法适用少

对于单处罚金概念理论界存在争议。有人认为“处三年以下有期徒刑、拘役或者罚金”等类似规定中的罚金就是单处罚金[①]；而有人则认为我国对单位犯罪规定的罚金才是单处罚金[②]；还有人认为我国并没有单处罚金[③]。第一种观点之所以认为“处三年以下有期徒刑、拘役或者罚金”中的罚金是单处罚金，主要是因为这种情形下司法中一旦选择适用罚金，便只能单处罚金。第二种观点认为只有单位犯罪中对单位判处的罚金才是单处罚金，主要是认为单处罚金指“对犯罪分子只能判处罚金，不能判处其他刑罚”[④]，单位犯罪中对单位本身只能判处罚金，因此此种情形才是单处罚金。第三种观点虽然同意第二种观点关于单处罚金的定义，但是并不认为单位犯罪中罚金是唯一的刑罚，因而不属于单处罚金。可见，三种观点是在不同意义上使用的“单处罚金”一词。第一种观点是从司法适用角度出发，只要个案最终以单处罚金结案，那么相应的规定就是单处罚金。第二、三种观点是从立法角度出发的，只有立法上规定对犯罪

---

① 参见《中国刑法词典》编委会编：《中国刑法词典》，学林出版社 1989 年版，第 403 页。

② 参见齐文远主编：《刑法学》，北京大学出版社 2016 年版，第 272 页。

③ 参见邓文莉：《罚金刑配置模式之研究》，《法治评论》2008 年第 4 期。

④ 参见高铭暄、马克昌主编：《刑法学》，北京大学出版社、高等教育出版社 2007 年版，第 262 页。

分子只能单独适用罚金，不能适用其他刑罚方法时才算单处罚金。笔者认为，第一种观点中的“单处罚金”是一种广义概念的“单处罚金”，后两种观点中的“单处罚金”是狭义概念的“单处罚金”。本书将在广义上使用“单处罚金”一词，即本书所用的“单处罚金”既包括立法上明确规定只能单处罚金的情形（本书称之为“纯粹的单处罚金”），又包括立法虽然没有明确规定只能单处罚金，但司法适用以单处罚金结案的情形，主要包括选处罚金中的单处罚金情形以及复合罚金中单处罚金的情形。

目前我国刑法分则共有 466 处罚金刑规定，其中选处罚金规定有 9 处，复合罚金规定有 59 处，这是不存在疑问的。有争议的是我国是否存在纯粹的单处罚金。如上所述，有学者认为对单位本身的罚金刑规定是纯粹的单处罚金，对此，笔者表示不赞同。根据我国刑法规定，对单位犯罪采取的是“双罚制”，即对单位本身判处罚金，对相关责任人判处有关刑罚。单位承受的罚金刑与有关责任人承受的刑罚共同构成了单位犯罪的刑罚，两者是一种并处的关系，是单位犯罪刑罚中不可分割的两个组成部分，而不是相互独立的关系。因此单位犯罪中对单位规定的罚金不是单处罚金，而是并处罚金，而且是“必并制”罚金。因此，我国刑法中并没有纯粹的单处罚金规定。故目前我国刑法分则中单处罚金的规定总共只有 68 处，只大约占整个分则罚金规定的 15%。

由于立法上的单处罚金主要由选处罚金中的单处罚金和复合罚金中的单处罚金构成，因此司法实践中是否单处罚金还依赖于法官自由裁量。司法实践表明，两种类型的单处罚金实际运用都很少。笔者以选处罚金的司法适用现状为例，试作说明。目前刑法分则中有选处罚金规定的罪名有 9 个，分别是侵占罪，故意毁坏财物罪，妨碍公务罪，扰乱法庭秩序罪，拒不执行判决、裁定罪，非法处置查封、扣押、冻结的财产罪，非法捕捞水产品罪，非法狩猎罪以及阻碍军人执行职务罪。笔者从中国法院网上收集了 2017 年 11 月—2018 年 3 月公布的发生在广西、江西、江苏、河南、湖北、湖南、云南、安徽、陕西、山东、贵州 11 个省的 30 起案件，其中拒不执行判决、裁定罪案例 15 个，妨碍公务罪案例 6 个，非法处置查封、扣押、冻结的财产罪案例 4 个，非法狩猎罪案例 2 个，非法捕捞水产品罪、故意毁坏财物罪、扰乱法庭秩序罪案例各 1 个，这 30 起案件中选处罚金适用情况如表 2-1 所示。

表 2-1　选处罚金案件中单处罚金的适用情况

罪名	宣告刑	罪名	宣告刑	罪名	宣告刑
拒不执行判决、裁定罪	拘役 2 个月	拒不执行判决、裁定罪	有期徒刑 1 年	妨碍公务罪	有期徒刑 2 年
拒不执行判决、裁定罪	* 单处罚金 20000 元	拒不执行判决、裁定罪	有期徒刑 2 年	非法处置查封、扣押、冻结的财产罪	有期徒刑 7 个月
拒不执行判决、裁定罪	拘役 5 个月，缓刑 6 个月	拒不执行判决、裁定罪	有期徒刑 2 年，缓刑 3 年	非法处置查封、扣押、冻结的财产罪	1 年 6 个月
拒不执行判决、裁定罪	* 单处罚金 3000 元	拒不执行判决、裁定罪	有期徒刑 9 个月	非法处置查封、扣押、冻结的财产罪	拘役 3 个月
拒不执行判决、裁定罪	有期徒刑 8 个月	拒不执行判决、裁定罪	有期徒刑 1 年 6 个月	非法处置查封、扣押、冻结的财产罪	有期徒刑 2 年
拒不执行判决、裁定罪	有期徒刑 3 年，缓刑 5 年，并处罚金 20000 元	妨碍公务罪	有期徒刑 8 个月	非法狩猎罪	拘役 4 个月、拘役 6 个月
拒不执行判决、裁定罪	有期徒刑 1 年，缓刑 2 年	妨碍公务罪	有期徒刑 7 个月	非法狩猎罪	* 单处罚金 15000 元
拒不执行判决、裁定罪	有期徒刑 6 个月，缓刑 1 年	妨碍公务罪	有期徒刑 6 个月	非法捕捞水产品罪	两被告分别（夫妻）有期徒刑 8 个月、有期徒刑 6 个月
拒不执行判决、裁定罪	有期徒刑 1 年，缓刑 2 年	妨碍公务罪	两被告分别拘役 5 个月、4 个月	故意毁坏财物罪	有期徒刑 7 个月，缓刑 1 年
拒不执行判决、裁定罪	拘役 2 个月，缓刑 2 个月	妨碍公务罪	有期徒刑 1 年 2 个月	扰乱法庭秩序罪	有期徒刑 9 个月

* 指单处罚金。

由表 2-1 可知，在统计的 30 起案例中，只有 1 起非法狩猎罪案件、2 起拒不执行判决、裁定罪案件中犯罪分子被判处单处罚金，其余的 27 个案例中的犯罪分子均被判处自由刑，单处罚金司法适用是极少的。这 27 个判处自由刑的案例有两个明显的特征：一是刑期较短的自由刑适用率高。判处 1 年以上有期徒刑只有 8 个案件，其余案件均判处 1 年及 1 年以下有期徒刑或拘役。二是缓刑适用率较高。有 8 个案件均宣告了缓刑。这些选处罚金案例中单处罚金与自由刑适用现状表明，在危害程度较轻的犯罪中，法官倾向于通过适用刑期较短的短期自由刑，甚至会通过适用刑期相对较长的短期自由刑并宣告缓刑的方式来实现罪刑均衡，也不愿意用单处罚金的方式实现对犯罪的打击和预防。法官在选处罚金中“重自由刑，轻罚金刑”，导致单处罚金适用率低。低下的司法适用率低使得本来立法规定就不多的单处罚金更没有存在感。

2. 单处罚金少存在的问题——“该宽没宽”现象时有发生

单处罚金中刑罚的严厉性由罚金本身决定，罚金本身是一种较轻的财产刑，具有非监禁性特征，因此单处罚金的严厉性小。对严重程度小的犯罪判处单处罚金，是宽严相济刑事政策“宽”的表现。一方面单处罚金本身具有一定的惩罚性，一般来说单处罚金实实在在地剥夺犯罪分子的财产，比判处犯罪分子较短自由刑同时宣告缓刑要严厉，因此单处罚金能够实现惩罚效果；另一方面单处罚金不将犯罪分子置于监禁场所，没有阻断犯罪分子与其家庭、工作的联系，不存在犯罪分子再社会化问题，因此在很多情形中单处罚金能够很好地实现法律效果和社会效果的结合。但是，由于我国目前单处罚金立法规定少，司法适用率低，一些应当适用单处罚金的情形没有适用单处罚金，没做到“该宽则宽”，法律效果可能实现了，但社会效果却不理想。试举一例予以说明。

【案例 1】被告人程某、杨某系夫妻关系，以捕鱼为生，二人在未获得渔业捕捞许可的情况下，从 2016 年 7 月份（每年 3 月 1 日 0 时至 6 月 30 日 24 时为禁渔期）开始在附近的某水域禁渔区进行非法捕鱼。两被告于 2017 年 3 月 21 日、5 月 22 日、7 月 26 日非法捕捞时被某渔政总队某支队当场查获，二人共非法捕捞鱼虾 26.87 公斤。法院审理认为二人行为已构成非法捕捞水产品罪，对二人分别判处有期徒刑 8 个月和拘役 6 个月。

笔者认为法院对夫妻二人均判处自由刑的做法欠妥。被告夫妻的行为确实构成非法捕捞水产品罪，触犯法律理应受罚，分别判处夫妻二人有期徒刑 8 个和拘役 6 个月，法律正义确实得以实现。但是这种判决的社会效果如何呢？被告人是一对夫妻，法院分别判处二人有期徒刑和拘役，夫妻双双入狱，整个家庭不仅失去了主要的劳动力，而且其家庭成员特别是需要特殊照顾的成员比如其幼年子女、年迈父母也失去了依靠，整个家庭陷入困境。被告夫妻以及其家庭成员可能因这些困境被迫实施其他犯罪。法律正义实现了，但社会效果却存在疑问。宽严相济刑事政策的要求就是要促进我国刑罚朝着轻缓化、人道化、文明化的方向发展，既要有罪必罚又要实现正义与效益的统一。① 上述案例中的判决没有体现刑罚的人道性，而且可能还会进一步引发犯罪，使刑罚效益受损，与宽严相济刑事政策精神不符合。

笔者认为该案中单处罚金具有独特的优势，适用单处罚金完全能够避免上述困境的发生。首先，非法捕捞水产品罪中有选科罚金的规定，因此单处罚金并不违背罪刑法定原则；其次，被告夫妻以捕鱼为生，犯罪的动机和原因并不恶劣，而且非法捕捞的水产品数量不大，单处罚金可以实现罪责刑相适应，实现法律正义；最后，对夫妻二人判处单处罚金或者至少对其中一人单处罚金，就不至于使整个家庭完全失去支撑，具有较好的社会效果。因此，综合各种因素来看，本案宜适用单处罚金实现法律正义和社会正义的结合，符合宽严相济刑事政策的基本追求。但是本案不仅没有对夫妻其中一人判处单处罚金，反而对两被告都判处了自由刑，没有做到“该宽则宽”。

像本案宜以单处罚金处罚，而且立法上也有明确可以单处罚金的规定，但实际上没有判处单处罚金的案件不在少数。还有一些宜以单处罚金处罚，但是由于立法上缺乏可以单处罚金的规定无法判处单处罚金的案件也不少。该单处罚金没有单处罚金的案件不符合宽严相济刑事政策“该宽则宽”的要求。

（二）“必并制”罚金多，“不该严而严”现象无法避免

并处制罚金中刑罚的严厉程度由罚金和与其并处的其他刑罚（主要是主刑）的严厉程度共同决定，因而相对单处罚金而言并处罚金严厉性更大，并处罚金体现罚金“严”的一面。目前我国刑法分则 466 处罚金刑规定中除了 68 处单处罚金外，其余的 398 处均为并处罚金。而在这 398 处并处罚金中有 392 处是“必并制”罚金，只有 6 处是“得并制”罚金。可见，我国罚金最主要的适用方式是“必并制”罚金。“得并制”罚金是指可以并处罚金，“必并制”罚金是指必须并处罚金。② “得并制”罚金中法官有自由裁量权，法官可以根据具体情况并处或者不并处罚金，“必并制”罚金中法官不具有自由裁量权，凡是规定了“必并制”罚金的犯罪司法适用中必须一律判处罚金刑。因此，“必并制”罚金比“得并制”罚金更为严厉。“必并制”罚金适用具有绝对性，其司法适用率为

① 参见高铭暄、孙晓：《宽严相济刑事政策与罚金刑改革》，《法学论坛》2009 年第 2 期。
② 参见齐文远主编：《刑法学》，北京大学出版社 2016 年版，第 273 页。

百分之百。但“必并制”罚金最大的缺陷在于适用方式不具有不灵活性，无法合理考虑一些特殊的情况，一些不宜判处罚金的案件常常因为必并罚金的规定必须并处罚金，导致“不该严而严”现象不可避免，不符合宽严相济刑事政策的基本精神。

笔者认为导论案例 1 中对被告人并处罚金 5000 元的判决不合理。首先，被告人本身就是因为生活贫困才走上犯罪道路，缺乏经济能力，对被告人判处罚金，被告人不仅没有能力缴纳罚金，导致罚金执行困难，有损刑法的权威，还会进一步恶化被告人的经济状况，被告人受生活所迫可能还会实施相同或者其他犯罪。其次，从被告人每次收取的报酬标准以及作案的时间长短来看，被告人非法获得的利益是极少的，被告人主观恶性不大，并处罚金罚不当罪。最后，被告人年事已高，又是五保户，生活困难，对被告人并处罚金没有体现刑罚的人道性。但是，由于我国刑法规定容留卖淫罪必须并处罚金，所以法院不得不并处被告人罚金，否则就违背了罪刑法定原则。可见，情理上本案不应该并处罚金，但是“必并制”罚金的绝对性没有留下考虑情理的余地，“不该严而严”现象不可避免。

二、我国罚金“量”存在的问题

（一）罚金“量”上存在的问题的具体表现

目前我国罚金在“量”上存在的最大问题是司法实践中罚金刑“量”的裁量不统一，类似案件中罚金“量”不一致（“类案没类判”现象），甚至还存在较轻的案件中罚金的“量”比较重的案件中罚金的“量”大的现象（“轻重倒挂”现象），没有实现 “宽严相济”。

本书以司法实践中最常见的犯罪类型——盗窃罪为例试作分析。笔者从中国法院网上搜集了 2018 年 1—3 月公布的发生在安徽、江西、湖南、四川、北京、河南、福建、广西等 9 个省市的 22 起盗窃案件（24 个被告人），以此为蓝本对司法实践中罚金“量”的裁量试做分析。这 22 起案件中罚金“量”的裁量情况如表 2-2 所示。

表 2-2 罚金“量”的裁量情况

罪名	地区	盗窃金额（元）	从重情节	从轻情节	主刑	罚金刑（元）
盗窃罪	安徽	4128	—	坦白，悔罪，且身体出现异常状况	—	5000
盗窃罪	安徽	7592	多次盗窃	坦白，积极赔偿	有期徒刑 6 个月	6000
盗窃罪	安徽	32369	—	当庭自愿认罪，退还赃物	有期徒刑 2 年	10000
盗窃罪	江西	2400	—	坦白，自愿认罪	拘役 3 个月	4000
盗窃罪	江西	609（多次盗窃）	—	坦白	有期徒刑 7 个月	1000
盗窃罪	江西	2700	累犯	坦白，积极赔偿，取得谅解	有期徒刑 6 个月	3000
盗窃罪	江西	24548	累犯，多次前科	坦白	有期徒刑 2 年	20000
盗窃罪	江西	5700	—	未成年人，初犯，偶犯，当庭认罪，态度良好	有期徒刑 7 个月	1000
盗窃罪	江西	9883	累犯，主犯	—	有期徒刑 1 年 6 个月	10000
盗窃罪	江西	22000	—	坦白，积极赔偿取得谅解	有期徒刑 1 年	5000
盗窃罪	江西	8576	累犯，多次前科	坦白，退赃	有期徒刑 1 年	10000
盗窃罪	江西	590（入户盗窃）	累犯，多次前科	坦白	有期徒刑 6 个月	3000
盗窃罪	湖南	4576	主犯	坦白，赔偿，取得谅解	拘役 2 个月，缓刑 3 个月	10000
			—	从犯，自首，赔偿取得谅解	—	10000
盗窃罪	湖南	7000	多次盗窃	坦白，退赔取得谅解	拘役 4 个月	4000
盗窃罪	四川	99980	—	坦白	有期徒刑 4 年	20000
盗窃罪	四川	一辆摩托车	—	—	拘役 5 个月	2000
盗窃罪	北京	15538.52	—	坦白，无犯罪记录，当庭认罪认罚	有期徒刑 10 个月	1000
盗窃罪	北京	130000	—	自首，赔偿并取得谅解	有期徒刑 1 年	2000
盗窃罪	河南	一部手机	—	—	有期徒刑 1 年 3 个月	10000
盗窃罪	福建	29453.84，多次盗窃，	—	—	拘役 5 个月，缓刑 8 个月	2000
		425.6			拘役 3 个月，缓刑 6 个月	2000

续表

罪名	地区	盗窃金额（元）	从重情节	从轻情节	主刑	罚金刑（元）
盗窃罪	广西	46860	—	—	有期徒刑 2 年 8 个月	10000
盗窃罪	贵州	两部手机，400	累犯	坦白，退赃	有期徒刑 1 年 2 个月	3000

从表 2-2 中可以看出，司法实践中罚金“量”的裁量是不统一的，这可以从罚金数额与其他参照物的对应关系中得出。

首先，从罚金数额与盗窃金额的关系来看，个案中两者的对应关系并不一致。22 起案件的 24 个被告人中：12 个被告人的罚金数额高于盗窃数额；11 个被告人的罚金数额低于盗窃数额；4 个被告人的罚金数额与盗窃数额十分接近；8 个被告人的罚金数额是一定比例的盗窃数额，各案罚金数额与盗窃数额的比例标准并不统一（有 30%、20%、25%、50% 等），且比例差别较大（最高比例为 50%，最低比例不到 0.1%）；5 个被告人的罚金数额是一定倍数的盗窃金额，这些案件盗窃金额都低于 5000 元，数额相对较小，各案倍数标准也不一（有 2 倍、4 倍、5 倍等，2 倍居多）。可见，司法实践中罚金数额与盗窃数额关系呈现多样性和复杂性。

其次，从罚金数额与主刑刑期长短对应关系来看，也难以看出两者之间明显的对应关系。一些案件中主刑刑期较短，但是罚金数额却很高，而另一些案件中主刑刑期较长，罚金数额却相对较低。比如湖南一例盗窃案中主刑为拘役 2 个月，缓刑 3 个月，并处罚金数额为 10000 元，而江西一例盗窃案中主刑为有期徒刑 7 个月，并处罚金数额为 1000 元。还有一些案件主刑刑期相同，但罚金数额差别较大，比如北京一例盗窃案主刑为有期徒刑 1 年，并处罚金数额为 2000 元，而江西一例盗窃案中主刑为有期徒刑 1 年，并处罚金数额为 10000 元。可见，司法实践中罚金数额高低与主刑刑期长短的对应关系也不够明朗。

罚金“量”的司法裁量不统一除了表现为与其他“量”（盗窃数额、主刑刑期长短）的对应关系混乱外，还有两个典型的表现就是“类案没类判”以及“轻重倒挂”。试举几例予以说明。

【案例 2】某省发生一起盗窃案件，盗窃金额为 4128 元，犯罪分子具有坦白法定从轻处罚情节以及身体状况异常酌定从轻处罚情节，犯罪分子最终被判处单处罚金 5000 元。

【案例 3】某省发生一起盗窃案，盗窃金额为 4576 元，犯罪分子系从犯，有自首法定从轻处罚情节以及积极赔偿并取得被害人谅解酌定从轻处罚情节，犯罪分子最终被判处单处罚金 10000 元。

上面两案中盗窃数额相似，从宽处罚情节相似，都是单处罚金，但是案例 3 中罚金数额却是案例 2 中罚金数额的 2 倍，差别巨大，可以说是“类案没类罚”。而且案例 3 中犯罪分子有自首情节，理应比案例 2 中犯罪分子的坦白情节从宽幅度更大，但是案例 3 中的罚金数额却更高，相比之下，将案例 3 的判决总结为“轻罪重罚”也是不为过的。

【案例 4】某省一起盗窃案，盗窃金额为 4576 元，犯罪分子有坦白法定从轻处罚情节以及积极赔偿并取得被害人谅解酌定从轻处罚情节，犯罪分子最终被判处拘役 2 个月，缓刑 3 个月，并处罚金 10000 元。

【案例 5】某市一起盗窃案，盗窃金额为 130000 元，犯罪分子有自首法定从轻处罚情节以及赔偿并获得被害人谅解酌定从轻处罚情节，犯罪分子最终被判处有期徒刑 1 年，并处罚金 2000 元。

上面两个案件中，案例 4 中的盗窃金额较小，案例 5 中的盗窃金额巨大，从盗窃数额的角度，案例 5 中的处罚应当远远重于案例 4 中的处罚。虽然案例 5 中犯罪分子存在自首情节，从宽处罚程度应当比案例 4 中的坦白情节从宽幅度稍大，但是这也不能掩盖两案中盗窃数额差异巨大的事实。另外，从两案中主刑刑期长短来看，基本上与盗窃数额的多少成正比关系。而两案中的罚金数额不仅没有与盗窃数额成正比关系，反而盗窃数额较小的案例 4 中罚金数额大，而盗窃数额巨大的案例 5 中罚金数额小。两案中的罚金数额与案件整体的严重程度不成正比，“轻重倒挂”。

（二）导致罚金“量”存在问题的原因

1. 立法上缺乏罚金数额标准

我国刑法总则规定，罚金数额的确定依据是犯罪情节。我国刑法分则中共有三种罚金数额确定方式：无限额罚金制、限额罚金制以及倍比罚金制。无限额罚金实际上没有确定任何罚金数额计算方式，全凭法官在个案中依据犯罪情节自由裁量。根据《最高人民法院关于适用财产刑若干问题的规定》，我国无限额罚金的下限是 1000 元人民币，没有上限标准。限额罚金既有下限规定也有上限规定，由分则具体规定。倍比罚金主要是以违法所得或者犯罪金额的倍数或者比例来确定罚金数额。限额罚金与倍比罚金标准较为明确。我国刑法中无限额罚金规定有 350 处，限额罚金规定 74 处，倍数罚金规定 34 处，比例罚金规定 8 处，可见无限额罚金是我国最主要的罚金数额确定方式，也就是说我国分则中多数罚金规定没有明确的金额计算方式。

从无限额罚金适用的犯罪类型来看，我国采用无限额罚金主要基于两个方面的理由：一是没有违法所得和犯罪金额，或者违法所得和犯罪金额难以计算，倍比罚金制无法适用，故采用无限额罚金，比如危险驾驶罪和盗窃罪；二是一些犯罪虽然有违法所得和犯罪金额，但是为了从重处罚这些犯罪，规定了无限额罚金，比如资助恐怖主义活动罪和生产、销售假药罪。基于第二种理由的无限额罚金范围正在扩大，如《刑法修正案（九）》将《刑法》第 141 条伪造货币罪中的罚金由原来的限额罚金修改为无限额罚金，体现了刑法对伪造货币罪从严处罚的倾向。无限额罚金没有数额限制，看似有很多的优点：无限额罚金刑能够保持刑法的稳定性；具有适用上的灵活性；易于达到预防再犯的目的[①]，法官能根据个案情况对轻罪少判罚金，对重罪多判罚金，实现宽严相济。但是由于无限额罚金缺乏明确的数额标准，很容易造成司法混乱，法官可能因为个人理解、地域差异甚至主观意向对该少判罚金的多判，该多判罚金的少判，以及同类犯罪不同判。缺乏统一的数额标准是造成我国目前罚金数额司法确定不统一的主要原因。

2. 司法上罚金量刑规范化尝试不成功

对于罚金数额立法标准模糊，导致司法实践难以统一，影响宽严相济刑事

---

① 参见刘晓莉：《无限额罚金刑的司法适用及其未来展望——以生产、销售假药罪为视角》，《当代法学》2013 年第 5 期。

政策实现的问题，司法机关早已有较为清楚的认识，也进行了诸多的尝试，试图规范罚金的裁量，以求罚金数额司法裁量的统一。

1997 年最高人民法院发布了《最高人民法院关于审理盗窃案件具体应用法律若干问题的解释》，该解释对盗窃罪中的罚金数额进行了规定，其规定有盗窃数额的，罚金为 1000 元以上盗窃数额的两倍以下，没有盗窃数额或者盗窃数额无法计算的，罚金为 1000 元以上 10 万元以下。2000 年最高人民法院发布了《最高人民法院关于适用财产刑若干问题的规定》，该规定对刑法没有规定罚金数额标准的罚金（其实就是无限额罚金）的下限进行了规定，其规定罚金刑最低不得低于 1000 元人民币，对未成年人罚金不得低于 500 元人民币。这两个司法解释一个仅涉及个别犯罪中的罚金裁量，一个仅对罚金的下限做了规定，都不够全面和详细。

为了进一步深化罚金量刑规范化，2016 年最高人民法院发布《关于扩大量刑规范化罪名和刑种试点的通知》，指定天津、辽宁、福建、海南、湖北、广西、云南、陕西 8 个省级高级人民法院对包括罚金在内的刑种量刑规范化展开试点。同年，湖北、天津两省市高级人民法院相继发布了《湖北省高级人民法院关于扩大量刑规范化罪名和刑种的量刑指导意见（试行）》和《天津市高级人民法院关于扩大量刑规范化罪名和刑种的量刑指导意见（试行）》，对罚金刑的量刑规范化进行了较为具体的规定。

湖北与天津对罚金刑数额确定方式采取了不同的模式。以危险驾驶罪为例，湖北试行指导意见规定：判处一个月以上拘役的，可以在 1000 ～ 5000 元幅度内确定罚金起点。每增加一个月拘役，可以增加 1000 ～ 5000 的数额。已经赔偿被害人经济损失、公私财产损失的，可以适当酌减罚金数额，但不低于法定最低限额，从事营利性的校车业务、旅客运输、危险化学品运输构成本罪的，可以适当提高罚金数额，但一般不超过 5 万元。天津的试行指导意见规定：（1）判处拘役 1 个月以上 3 个月以下的，一般并处 2000 ～ 5000 元罚金。（2）判处拘役 3 个月以上 6 个月以下的，一般并处 3000 ～ 20000 元罚金。（3）从事校车业务、旅客运输、危险化学品运输构成本罪的，罚金刑可适当提高，但一般不超过 5 万元。可以看出湖北模式是以自由刑为基准确定罚金刑的起点幅度，然后以自由刑的增长为参照，设置罚金刑增长幅度，最后罚金数额随着自由刑的增长而增长。天津模式是先将自由刑划分为几个幅度，对档次不同的自由刑幅度设置相应幅度的罚金刑档次。为了较为形象地说明两种模式的差异，笔者将上述规定具体化为如表 2-3 所示。

表 2-3 湖北模式与天津模式对比情况（以危险驾驶罪为例）

罚金数额拘役刑期	湖北模式	天津模式
1 个月	1000 ～ 5000（元）	2000 ～ 5000（元）
2 个月	2000 ～ 10000（元）	
3 个月	3000 ～ 15000（元）	
4 个月	4000 ～ 20000（元）	3000 ～ 20000（元）
5 个月	5000 ～ 25000（元）	
6 个月	6000 ～ 30000（元）	

由表 2-3 可以看出，两种模式都体现了罚金数额与主刑轻重的对应关系。对比发现，湖北模式中罚金的档次更加细化，似乎比天津模式更具有可操作性，体现了湖北模式的优点。但是也存在问题，湖北模式中危险驾驶罪的罚金下限虽比天津模式中的低，但上限比天津高出许多；主刑幅度相同时，大多数情况下湖北模式罚金数额也要比天津模式罚金数额高。而根据两个指导意见的规定，当地经济发展水平是确定罚金数额的重要参照，据统计，2016 年天津市人均 GDP 约为 11 万元人民币，而湖北省人均 GDP 不到 6 万元人民币，但是湖北罚金数额却比天津罚金数额高，可见要么湖北罚金数额标准过高，要么天津罚金数额标准过低，无论哪种都说明试行指导意见中的罚金数额标准不够科学。另外，在两种不同模式下，可能出现差异较大的罚金判决，比如当主刑为拘役 3 个月时，湖北模式下罚金最多可判处 15000 元人民币，而天津模式下最高只有 5000 元人民币。还有一个问题是表 2-3 中没有体现出来的，即两省试行指导意见都试图对每一个规定了罚金的犯罪确立单独的罚金数额裁量标准，但我国刑法中无限额罚金规定有 350 处，如果对每个犯罪确立一个数额标准，工程量之大难以想象。

诸多问题表明各省还没有探索出一个科学的罚金数额裁量模式，这也是 2017 年最高人民法院新修订的《关于常见犯罪的量刑指导意见》没有将罚金刑的量刑纳入其中的重要原因。所以，到目前为止我国探索罚金数额裁量规范化的尝试并没有取得完全成功，目前的探索还不足以成为统一指导我国罚金司法裁量的标准。

三、我国罚金执行存在的问题

为了保障罚金刑的顺利执行，我国刑法规定了诸多“从宽”和“从严”的罚金执行制度。这些制度包括罚金一次性缴纳制度、罚金分期缴纳制度、罚金强制缴纳制度、罚金随时追缴制度、罚金延期缴纳制度以及罚金减免制度。罚金刑分期缴纳制度、延期缴纳制度以及罚金减免制度是在考虑犯罪分子经济状况以及罚金缴纳能力之后制定的有利于犯罪分子的罚金执行制度，体现了罚金刑的人道性，是宽严相济刑事政策“宽”的一面在罚金刑执行中的体现。罚金强制缴纳制度针对的是罚金缴纳期限已满有能力缴纳却故意不缴纳的犯罪分子，依靠国家强制力做后盾实现罚金缴纳，体现了对期满故意不缴纳罚金的犯罪分子从严执行罚金的立场；随时追缴制度是任何时候发现不能完全缴纳罚金的犯罪分子具有可被执行的财产时，要求犯罪分子缴纳剩余罚金的制度，随时追缴制度有利于保障罚金的执行，体现了罚金执行的严肃性。罚金强制缴纳制度和随时追缴制度属于严厉的罚金执行制度，与宽严相济刑事政策“严”的一面相契合。总的来说，罚金执行制度中既有宽缓的制度也有严厉的制度，符合宽严相济刑事政策的要求。

罚金“从宽”和“从严”两方面的执行制度在司法实践中的实现程度直接决定了罚金刑执行中的宽严相济实现程度。但是目前各种实证调查与研究反映出来的现状是罚金刑“从宽”与“从严”两方面的执行制度都尚未得到充分的运用，导致罚金刑执行率低下，影响了宽严相济刑事政策在罚金中的实现。

（一）强制缴纳制度与随时追缴制度适用少，没有实现罚金执行之“严”

由于研究条件有限，本书未能亲自对罚金强制缴纳制度和随时追缴制度的司法适用现状做调研，实为本书的一个遗憾。但是多年以来诸多实证研究对罚金强制缴纳制度和随时追缴制度进行了诸多调查和统计，这些数据采集的时间跨度较长，能够反映我国长期以来的罚金执行状况。这些数据中最新的数据是5年前的，能够反映当前我国罚金执行现状。另外，这些数据来自全国不同地区不同级别的法院，基本能够反映我国罚金整体执行情况。从这些调查和统计中，我们能够得出强制缴纳制度和随时追缴制度适用情况差的结论。

邱景辉对福建某区人民法院2001—2003年的罚金执行情况进行调研，发现该法院连续3年罚金强制执行和追缴率为0[①]；林燕焱对北京市某区法院2000至2005年罚金执行情况进行调研，发现该法院连续5年罚金强制执行和追缴率为0[②]；王琼对重庆市基层和中级人民法院2009年罚金执行情况进行调研，发现重庆地区无论是基层法院还是中级人民法院罚金强制执行率都不到1%，其中基层法院强制执行率更低[③]；刘凯对一些基层法院2013年前5年罚金执行情况进行调研，发现总数为5380件的罚金案件中，只有6件强制缴纳案件[④]；还有来自河南省三门峡市中级人民法院的李占通、李松龙对其所在的法院的罚金执行情况进行统计，发现该院截至2013年还没有出现过在罪犯服刑结束后追缴罚金的先例。[⑤]从上面这些调查和统计可以看出，体现我国罚金执行“严”的一面的强制缴纳制度和随时追缴制度司法适用率极低。这种现状与设立两项制度的立法宗旨是相违背的，低效强制缴纳和随时追缴执行率使得两项制度不仅没有发挥保障罚金刑执行的作用，更没有体现罚金刑作为一种刑罚的严厉性，有损刑法的权威性，不利于实现宽严相济刑事政策“严”的一面。

强制执行与随时追缴执行状况不理想的原因有很多。一是强制缴纳制度和随时追缴制度本身缺乏相关保障制度。强制缴纳制度和随时追缴制度的前提是执行机关掌握了犯罪分子的财产现状，但是目前犯罪人财产申报制度与财产保全制度等并没有建立，执行机关难以掌握犯罪分子的财产情况。二是罚金被执行人及其家属常常会采取各种方式逃避执行，使强制执行难度大，耗时耗力，执行机关对强制执行和追缴常常也是有心无力。三是执行机关把民事案件以及刑事附带民事案件中的民事判决执行作为重点，刑事案件执行不受重视，其原因在于民事案件以及刑事附带民事案件中有执行申请人，在这些申请人的催促下，执行机关紧迫感更强，因而常常出于压力不得不去执行，而罚金刑执行之后收归国库，没有具体的利益主体，因而没有人去催促执行机关执行，因而罚金刑执行的紧迫性不强。四是因为长期以来我国法院都更加重视主刑的执行而忽视附加刑的执行，因为主刑的执行常常与法院业绩挂钩，而附加刑的执行对法院业绩影响较小。[⑥]因此，强制执行与随时追缴制度在立法上看似严厉，但是

① 参见邱景辉：《罚金刑执行与监督若干问题研究》，《人民检察》2004年第2期。
② 参见林燕焱：《财产刑适用的实证分析》，中国政法大学博士学位论文2006年，第84页。
③ 参见王琼：《罚金刑实证研究》，法律出版社2009年版，第322页。
④ 参见刘凯：《罚金刑执行难问题及其解决对策》，《学习与探索》2013年第6期。
⑤ 参见李占通、李松龙：《罚金刑在执行中存在的问题及对策建议》，《中国改革报》2013年11月15日。
⑥ 参见劳佳琦：《财产性判项与减刑、假释的联动机制》，《中外法学》2018年第3期。

现实效果并未发挥。

（二）罚金减免制度运用较少，没有实现罚金执行之“宽”

关于罚金减免制度的调研和统计在数量上远远不及罚金强制缴纳制度和罚金随时追缴制度的调研和统计，这种现状或多或少反映了对罚金减免制度和罚金强制缴纳制度、随时追缴制度的不同重视程度。当然，还是有部分研究者对罚金减免制度的司法适用情况予以了一定程度的关注。邱景辉对福建某区人民法院2001—2003年的罚金执行情况进行调研，发现该法院连续3年罚金减免案件数量为0[①]；林燕焱博士对北京市某区法院2000—2005年罚金执行情况进行调研，发现该法院连续5年罚金减免案件数量为0。[②]虽然关于罚金减免制度司法适用数据较少，但还是能够在一定程度上反映罚金减免制度适用率低的问题。罚金减免制度是一项考虑到犯罪分子因客观原因缴纳罚金有困难而放宽罚金缴纳的制度，体现罚金刑执行的人性化，是宽严相济刑事政策“宽”的一面的体现。多年来诸多实证研究都表明罚金执行率低最主要的原因之一是犯罪分子没有缴纳罚金的经济能力，这说明罚金减免的客观需求是存在的，但是减免制度适用率低下的现状又表明诸多有减免需求的犯罪分子实际上并没有受惠于罚金减免制度，罚金的宽缓化没有充分实现。

罚金减免制度适用率低也可能有多方面的原因：一是减免罚金条件较为严格，符合减免条件的犯罪分子较少；二是减免罚金申请程序复杂，符合减免条件的犯罪分子往往干脆拒不履行缴纳义务，不愿意去申请罚金减免；三是法院对罚金减免申请具有一定的自由裁量权，在罚金减免事由认定上较为严格。在这些原因的综合作用下，我国罚金减免制度适用少，没有真正体现罚金执行的人道性，不符合宽严相济刑事政策的基本精神。

总之，从罚金强制缴纳制度、罚金随时追缴制度与罚金减免制度的实际运用现状来看，罚金从严执行制度没有得到有效执行，罚金从宽执行制度也没有发挥应有的作用，宽严相济刑事政策“从宽”与“从严”两方面都没有得到很好的落实。

---

① 参见邱景辉：《罚金刑执行与监督若干问题研究》，《人民检察》2004年第2期。

② 参见林燕焱：《财产刑适用的实证分析》，中国政法大学博士学位论文2006年，第84页。

第三节　我国罚金刑之完善

在明确我国罚金刑存在违背宽严相济刑事政策的诸多问题之后，就需要在宽严相济刑事政策的指导下提出有针对性的解决措施以完善我国罚金刑。我国罚金刑的完善需要从立法、司法与执行多层次，从适用方式、数额标准以及执行制度多方面进行。国外的有关经验也能给我国罚金刑的完善提供一些启示。

一、我国罚金适用方式之完善

（一）扩大单处罚金范围

在适用方式上，罚金刑“宽”的一面主要依靠单处罚金来实现。如前所述，我国单处罚金立法规定少、司法适用率低的现状导致一些案件宜以单处罚金处理的没有以单处罚金处理，没有展现刑罚宽缓性、人道性的一面，与宽严相济刑事政策“该宽则宽”的要求不相符合。为了减少罚金适用中“该宽没宽”的现象，增加罚金刑的人情味，提高整个刑罚的轻缓程度，推进宽严相济刑事政策目标的实现，一方面需要在立法上扩大单处罚金覆盖范围，另一方面需要提高单处罚金的司法适用率。

1. 立法上扩大单处罚金范围

对于单处罚金立法范围应当进一步扩大的问题，我国刑法理论界基本达成共识，主张我国单处罚金①应当扩大到过失犯罪以及轻微的故意犯罪。②对此笔

---

① 虽然诸多学者在提出扩大罚金适用时，没有明确指出是扩大单处罚金的范围，但是只有将这里的罚金理解为单处罚金才符合逻辑。因为学者主张扩大罚金适用范围的基本根据是罚金具有轻刑化和替代自由刑的功能，而只有单处罚金才具有轻刑化和替代自由刑的功能，并处罚金不仅不能实现轻刑化和替代自由刑的功能，反而还会加重刑罚的严厉性，因此学界主张扩大罚金的适用范围主要是指扩大单处罚金的适用范围。

② 参见高铭暄、孙晓：《宽严相济刑事政策与罚金刑改革》，《法学论坛》2009 年第 2 期；陈兴良：《刑法适用总论》（下册），法律出版社 1999 年版，第 219、224 ～ 227 页；赵秉志主编：《海峡两岸刑法总论比较研究》，中国人民公安大学出版社 1999 年版，第 599、610 ～ 613 页；孙力：《罚金刑研究》，中国人民公安大学出版社 1995 年版，第 103 ～ 117、204 ～ 208 页；邱兴隆、许章润：《刑罚学》，中国政法大学出版社 1999 年版，第 210 页。

者表示赞同。但是单处罚金应当如何具体扩展到这些犯罪中去，则少有学者论及，本书认为还需要进一步讨论。

首先，需要对这里的“轻微的故意犯罪”和“过失犯罪”范围进行界定。

第一，轻微的故意犯罪中“轻微”如何判断？轻微的故意犯罪是指性质轻微的犯罪还是指情节轻微的犯罪呢？对轻微的故意犯罪的不同界定将会直接导致罚金刑适用范围的不同。如果认为轻微的故意犯罪必须限定在性质轻微的故意犯罪中，那么并不是所有的故意犯罪都可以规定罚金刑，如果认为轻微的故意犯罪是指情节轻微的故意犯罪，那么绝大多数的故意犯罪都有适用罚金刑的可能性。有学者提出了实质与形式相结合的判断标准，实质标准即综合考虑犯罪侵害的权益，犯罪的行为方式，犯罪的社会危害性程度等来评判犯罪的轻重，形式的标准即以法定刑为标准来判断轻重。① 笔者认为，宜以形式的标准来确定轻微故意犯罪的范围。原因在于：首先，形式的标准是实质标准的立法化，形式的标准即法定刑是在考虑了犯罪的各种实质要素包括犯罪性质和犯罪情节等的基础上具体化的刑事责任，因此采用形式的标准实际上就是采用实质的标准；其次，采用形式的标准更直观，更有利于实现罚金刑适用的统一；再次，采用形式的标准可以使罚金在所有轻微的故意犯罪中有适用的余地，充分发挥罚金刑的短期自由刑替代作用和轻刑化作用。那么法定刑在什么限度内才属于轻微的犯罪呢？这个限度需要根据本国的国情来决定。从我国刑法关于刑法管辖权的例外规定、缓刑制度的规定来看，我国刑法对于法定刑为三年以下有期徒刑的犯罪采取的态度是宽容的，这些制度在我国行之有效也说明我国民众普遍接受这一宽容的立场。因此，将法定刑低于 3 年以下有期徒刑的犯罪作为轻罪是可行的。另外，我国刑法学界也有诸多学者认为以 3 年有期徒刑为轻罪与重罪的分界是可行的。② 因此，笔者认为凡是目前刑法分则中法定刑为 3 年及以下有期徒刑的故意犯罪都属于可以适用罚金刑的轻微故意犯罪范围。

第二，对于过失犯罪是否需要区分情节？如果需要区分情节，哪些属于可以单处罚金的情形？有学者主张仅对过失犯罪中情节较轻的规定罚金③，而诸多

① 参见邵维国：《罚金刑论》，吉林人民出版社 2004 年版，第 147 ～ 148 页。

② 参见张明楷：《刑法学》，法律出版社 2016 年版，第 91 页；邵维国：《罚金刑论》，吉林人民出版社 2004 年版，第 150 页；周娅：《短期自由刑研究》，武汉大学博士学位论文 2005 年，第 3 页。

③ 参见高铭暄、孙晓：《宽严相济刑事政策与罚金刑改革》，《法学论坛》2009 年第 2 期。

国外的立法没有区分情节轻重，对所有过失犯罪都规定了罚金刑。[1] 本书认为过失犯罪需要区分情节，只有其中情节较轻的才能单处罚金。原因在于过失犯罪中犯罪分子主观恶性虽然不大，但是过失犯罪常常是因为造成了严重的危害后果才成立过失犯罪的，对于因过失造成重大的危害结果的犯罪单处罚金可能无法实现罪刑相适应。那么哪些过失犯罪属于情节较轻的过失犯罪呢？本书认为过失犯罪情节较轻的标准宜采取与“轻微”故意犯罪相同的标准，即自由刑为 3 年以下有期徒刑的过失犯罪都属于情节较轻的过失犯罪，都可以单处罚金。之所以对过失犯罪与故意犯罪采取相同的标准是因为在自由刑相同的情形下，故意犯罪与过失犯罪的整体社会危害是一样的。在自由刑相同的情形下，虽然过失犯罪的主观恶性没有故意犯罪的主观恶性大，但是过失犯罪造成的损害结果一定比故意犯罪造成的损害后果严重，比如过失致人重伤罪与故意伤害罪中，当自由刑都是 3 年以下有期徒刑或者拘役时，过失致人重伤中的伤害是重伤，而故意伤害中的伤害以轻伤为限，虽然过失致人重伤的主观恶性不及故意伤害，但是过失致人重伤的损害结果却远远超过故意伤害的损害后果，因此综合主观危险性和客观损害性，在自由刑规定相同时，过失犯罪与故意犯罪的整体社会危害相当。所以，本书认为过失犯罪中情节较轻的标准宜与故意犯罪中“轻微”的标准一致。

其次，单处罚金有纯粹的单处罚金、选处罚金中单处罚金以及复合罚金中单处罚金三种实现方式，而每一种类型的单处罚金都有其优势和缺陷，需要根据各种单处罚金的特点做出不同的安排。纯粹的单处罚金能够保证单处罚金的司法适用率，但是纯粹的单处罚金适用方式过于绝对，无法考虑犯罪分子缴纳罚金的能力，可能导致罚金“空判”、无法执行的问题；选处罚金中的单处罚金，能够根据犯罪分子的经济能力灵活适用，但是选处罚金中法官自由裁量权较大，如果法官重刑主义倾向明显，会导致选处罚金中单处罚金实际适用率低；复合罚金中的单处罚金也具有灵活性，但是法官自由裁量权过大，如果重刑主义倾向明显，会使复合罚金中并处罚金适用率远远高于单独罚金适用率。根据不同类型单处罚金的优缺点，可以从以下几个方面扩大整个单处罚金的范围。

第一，我国需要引进纯粹的单处罚金。纯粹的单处罚金中，犯罪分子所受

---

① 参见邵维国：《罚金刑论》，吉林人民出版社 2004 年版，第 163 页。

唯一的刑罚是罚金，没有其他可供选择的刑罚。有学者认为纯粹的单处罚金可能导致刑罚执行不能的问题，我国不宜引进单处罚金制。[①]这种担心不无道理，但是这个问题可以通过合理安排纯粹的单处罚金的适用范围得到解决。为了既满足罪刑相适应原则又不致使罚金刑“空判”，纯粹的单处罚金宜规定在那些一般有经济能力缴纳罚金的轻微犯罪中，比如醉驾、代替考试等犯罪中。而对于盗窃罪等犯罪，犯罪分子常常就是因为经济困难实施犯罪，因此纯粹的单处罚金会导致执行难的问题，这类犯罪不宜直接规定纯粹的单处罚金。还有一些道义上容易受强烈道德谴责的犯罪，比如虐待罪（尤其是虐待儿童犯罪）也不宜直接规定纯粹的单处罚金，因为纯粹的单处罚金可能无法满足人们报应的心理需求。故而纯粹的单处罚金制也不是像一些人所主张的对所有情节轻微的犯罪都适用。[②]

第二，应当扩大选处罚金的适用。选处罚金制中包含了单独处以罚金的可能性，同时选处罚金制又为犯罪分子没有罚金缴纳能力或者其他不能判处单处罚金的情形留下了选择的余地。因此，选处罚金既有实现轻刑化的可能性又具有灵活性，在诸如盗窃罪这些犯罪分子经济能力差异较大的轻微犯罪中优点明显，应当扩大适用。

第三，复合罚金也应当扩大适用。复合罚金由于弹性空间大，能够适用较为复杂的案件[③]，特别是对于轻微的自然犯比如虐待罪等具有特殊的意义，应当扩大适用。自然犯主要是一些违背伦理道德的犯罪，量刑结果常常会因为被害人以及社会大众的态度呈现较大的差异。复合罚金刚好有足够的空间满足差异较大的量刑需求，法官可以根据情况选择单处或者并处罚金。当社会反映强烈时就选择并处罚金，对犯罪分子同时判处罚金刑和自由刑，满足社会正义需求；当社会反映不强烈时，则可以判处单处罚金，充分实现罚金刑罚轻缓化的作用。

2. 司法上提高单处罚金适用率

仅仅在立法上规定了单处罚金，如果司法中单处罚金的适用不受重视，那么单处罚金的功能也无法充分实现，因此需要提高单处罚金的司法适用率。纯粹的单处罚金的适用具有绝对性，不存在司法适用率低下的问题。司法适用不

---

①③ 参见邓文莉：《罚金刑配置模式之研究》，《法学评论》2008 年第 4 期。
② 参见宫厚军：《刍议我国罚金刑之完善》，《法学论坛》2006 年第 4 期。

具稳定性的单处罚金是法官拥有自由裁量权的选科罚金和复合罚金中的单处罚金。对于选科罚金和复合罚金，只有法官最终判处单处罚金才算真正的单处罚金。但是目前我国单处罚金的司法实践表明法官在面对选科罚金和复合罚金时，不太倾向于判处单处罚金，导致一些案件宜单处罚金但没有单处罚金。

选处罚金与复合罚金中单处罚金适用率低可能的原因有两个：一种法官本身重刑主义思想严重，不愿意适用单处罚金这种较轻的刑罚；二是民众重刑主义思想严重，判处犯罪分子单处罚金容易遭受社会舆论的质疑特别是引起被害人一方的不满，法官因而不愿意适用单处罚金。

对此，要提高单处罚金的司法适用率需要从两方面入手：一方面，要以宽严相济刑事政策对司法人员和普通民众进行思想引导，促使其树立科学的罚金刑观，逐渐减少甚至消除重刑主义思想；另一方面，需要通过立法或者司法解释引导法官优先考虑判处单处罚金，比如在规定选处罚金时将罚金刑放在自由刑前面，表明立法对罚金刑的重视，引导法官首选罚金，提高单处罚金的实际适用率。[①] 再比如在罚金量刑指导意见中规定对于选科罚金和复合罚金，犯罪情节较轻而且犯罪分子又具有经济能力的，一般单处罚金。后一种做法我国事实上已经在逐渐采纳，比如2016年湖北与天津两省出台的《关于扩大量刑规范化罪名和刑种的量刑指导意见（试行）》中就规定，在复合罚金中，对犯罪情节较轻且有缴纳能力的犯罪分子，可以单处罚金。对此，本书深表赞同，并且认为应当进一步将这种规定扩大到选科罚金中。

（二）改“必并制”罚金为“得并制”罚金

适用方式上，罚金刑“严”的一面主要依靠罚金并处来实现。但是罚金的“严”是“该严则严”，不能“不该严而严”。并处罚金包括“得并制”罚金和“必并制”罚金，对于我国应当采取“必并制”罚金还是“得并制”罚金理论界存在争议。有人认为必并罚金存在判决虚置、与民事赔偿优先原则相抵触、罚不当罪等弊端，我国应当减少“必并制”罚金而增加“得并制”罚金[②]；有人则认为“得并制”罚金将是否科处罚金完全交由法官，给人一种可有可无的感觉，使罚金处于一种完全附属次要的地位，“必并制”罚金可以从立法上保证罚金刑

① 参见邓文莉：《罚金刑配置模式之研究》，《法学评论》2008年第4期。
② 参见韩轶：《对必并制罚金刑立法的思考》，《法商研究》2000年第5期。

的适用，因此我国需要增加“必并制”罚金的规定，并且将“得并制”罚金改为“必并制”罚金。[①] 本书认为“得并制”罚金更加符合我国的国情，一方面“得并制”罚金给一些不宜判处罚金的情形比如犯罪分子无缴纳罚金的能力留有余地，另一方面目前我国重刑主义倾向仍然严重，法官在能够并处罚金时基本选择并处罚金，一般不会出现应当并处而不并处的情形，反而有些案件中可以不并处罚金时，法官也做出了并处罚金的决定。为了减少不该并处罚金而并处罚金的情形，我国应当采取“得并制”罚金。

笔者的建议是：一方面，改革目前所有的“必并制”罚金为“得并制”罚金，为不宜并处罚金的情形留下余地；另一方面，对法官的自由裁量进行监督，对于具有缴纳能力的犯罪分子尽量判处罚金刑，充分发挥罚金特殊预防价值，做到“该严则严”，但同时也要对法官进行引导，避免对不适宜并处罚金的犯罪分子并处罚金，影响罚金的法律效果和社会效果。2016 年湖北与天津两省出台的《关于扩大量刑规范化罪名和刑种的量刑指导意见（试行）》中关于“得并制”罚金的规定值得提倡。两个试行意见规定，对于“得并制”罚金规定，根据案件具体情况以及被告人财产状况，一般并处罚金。天津试行意见还进一步规定，对于犯罪情节较轻的，可以不并处罚金。这样既能实现“该严则严”，又可以避免“不该严而严”。

二、我国罚金数额标准之完善

（一）确立我国罚金数额标准的两个难题

如前所述，我国罚金缺乏数额标准导致罚金数额司法裁量不统一，难以实现“宽严相济”，因此需要确立罚金数额标准。目前确立我国罚金数额标准需要解决两个难题：第一个难题是要确立一个普遍适用的罚金数额标准。目前我国刑法中有多种犯罪规定了罚金刑，如果要对每一种犯罪都单独设置一个罚金数额标准，工程之大难以想象。理想的状态是确立一个对所有犯罪都普遍适用的罚金数额标准。但是我国刑法分则规定的犯罪性质多种多样，情节设置也不一

---

① 参见邓文莉：《罚金刑配置模式之研究》，《法学评论》2008 年第 4 期。

致，因此要建立一个具有普遍适用性的罚金标准有一定的难度。第二个难题是要平衡罚金数额标准的灵活性与稳定性关系。罚金数额标准需要具有灵活性是因为罚金的严厉性与经济发展有很大的关系，一定数量的罚金在当前看来具有严厉性，但是随着经济的发展，这个数量的罚金在将来的某个时候将不会具有同等的严厉性，因此罚金数额标准不宜直接采取数字形式标准。同时罚金标准又需要具有相对稳定性，只有相对稳定的标准才能为司法实践提供可操作的标准，否则容易造成司法混乱。

（二）构建我国罚金数额标准之具体设想

要解决上面关于确立罚金数额标准的两个问题虽然有难度，但是并非没有解决之法。罚金刑并非我国独有的刑罚方法，世界上诸多国家都有罚金刑规定。我国在确立罚金数额标准时遇到的难题其他国家也会遇到。观察其他国家在解决这些问题时采取的措施，能够为确立我国罚金数额标准提供很好的思路。美国是罚金刑运用十分广泛的国家之一，美国在罚金适用方面形成了一套较为全面、成熟的制度，美国罚金数额确定方式能够给我国构建罚金数额确定标准提供一些启示。

美国《联邦量刑指南手册》中对自然人罚金的数额裁量作出了较为细致的规定。根据该手册的规定，法院在确定罚金数额时需要对以下方面进行考虑：第一，罚金数额需要与犯罪的严重程度（包括给被害人造成的损失和犯罪所得）相当，足以促进人们对法律的尊重，实现公正处罚以及产生足够的威慑效果；第二，犯罪分子当前及今后缴纳罚金的能力；第三，罚金给犯罪分子本人及其家属造成的影响大小；第四，犯罪分子是否负有其他赔偿义务；第五，犯罪分子是否要承担其他附随后果，比如民事义务；第六，犯罪分子是否有被判处罚金的历史；第七，对犯罪分子判处缓刑、监禁或者假释可能产生的费用等。为了法官能够更加准确地确定罚金数额，指导手册采取了以下步骤：首先，指导手册将一般意义上的犯罪根据严重程度分为 43 个罪行等级，并将这 43 个罪行等级划分为 16 个罪行等级幅度，每一个幅度的罪行等级都规定了与之对应的 16 个不同的罚金数额幅度，（表 2-4，第一列为不同的罪行等级，第二列（A 列）为罚金数额下限，第三列（B 列）为罚金数额上限）；其次，指导手册在规定每一种具体的犯罪时，明确规定了各个情节（基本情节、较轻情节和较重情节）所对应的罪行等级；最后，法院根据个案中犯罪的罪行等级，找到所对应的罚金数额幅度，再结合上面列出的七项考虑因素来确定个案中具体的罚金数额。[①]

表 2-4　罪行等级与罚金数额对应关系

罪行等级	A 最低罚金	B 最高罚金
3 and below	$200	$9500
4～5	$500	$9500
6～7	$1000	$9500
8～9	$2000	$20000
10～11	$4000	$40000
12～13	$5500	$55000
14～15	$7500	$75000
16～17	$10000	$95000
18～19	$10000	$10000
20～22	$15000	$150000
23～25	$20000	$200000
26～28	$25000	$250000
29～31	$30000	$300000
32～34	$35000	$350000
35～37	$40000	$400000
38 and above	$50000	$500000

为了更形象地说明美国这种罚金数额确定方式，笔者举两个例子。比如，表 2-4 中罪行等级为 3 级及以下的，对应的罚金数额幅度为 200～9500 美元，罪行等级为 4～5 级的，对应的罚金数额幅度为 500～9500 美元，罪行等级为 6～7 级的，对应的罚金数额幅度为 1000～9500 美元。如果《联邦量刑指南手册》规定，盗窃罪分为三个情节，基本情节的罪行等级是 5，情节较轻的罪行等级是 3，情节严重的罪行等级是 7。法官正在审理的一个盗窃案件属于情节较轻的情形，那么这个盗窃案件对应的罪行等级就是 3 级，而 3 级的罪行等级对应的罚金数额幅度就是 200～9500 美元，法官应当在这个罚金数额幅度内，

① United States Sentencing Commission，Guidelines Manual，§5E1.2（Nov. 2016）.

再结合犯罪分子缴纳罚金的能力等因素确定犯罪分子最终应当缴纳的罚金数额。如果《联邦量刑指南手册》规定抢劫罪也分为三个情节，一般情节、较轻情节和较重情节分别对应的罪行等级是 16 级、14 级、19 级，那么只要确定个案属于哪一个等级的犯罪，就能找到相应的罚金数额幅度。

可见，美国并不是在每一个具体的犯罪中对不同的情节规定相应的罚金数额，而是设置了一个不依赖于具体犯罪的相对独立的罚金数额标准。即使犯罪类型千差万别，犯罪情节设置各有不同，都不会对罚金数额标准造成影响。只要找到具体犯罪对应的罪行等级，就能清楚地找到相应的罚金数额幅度。美国这种罚金数额确定方式最大的特点在于通过“罪行等级”这一概念将不同类型的犯罪集合在一起，统一了罚金数额确定标准。

《美国联邦量刑指南手册》中的罚金数额确定方式至少为我国解决前述第一个难题（即如何确立一个普遍适用的罚金数额标准）和第二个难题中的第二个方面（即如何保持罚金数额标准的稳定性）提供了借鉴。

目前我国之所以尚未能形成一个普遍适用的罚金刑数额标准，是因为犯罪类型多样，犯罪的具体设置也存在差别，我国缺乏一个能够体现所有犯罪共性和本质并将所有犯罪集中起来的概念。而美国《联邦量刑指南手册》中“罪行等级”这一概念正是我国所需要又一直没有找到的能够将所有犯罪统一起来的概念。我国可以引进“罪行等级”这一概念。

具体而言，借鉴美国的做法，我国可以进行如下操作：首先，将我国一般意义上的犯罪以严重程度为标准划分为多个罪行等级或者等级幅度（至于具体划分为多少个罪行等级或等级幅度还需要进一步研究），并且为每一个罪行等级设置一个相应的罚金数额幅度（这个幅度不宜采用实际的数额模式，具体设置将在后文罚金数额标准灵活性部分讨论）；其次，明确每一个具体的犯罪中各个情节对应的罪行等级，这样每个犯罪的各个情节对应的罚金数额幅度就清楚了；最后，根据个案的罪行等级，找到对应的罚金数额幅度，在这个幅度内适当地考虑犯罪分子缴纳罚金的能力等情况做出合理的判决，确保法律效果和社会效果的统一。通过这种做法，我国就能将各种分散的犯罪集中起来，规定一个具有普遍适用性的罚金数额标准。

事实上，我国引进美国的这种做法还附带地解决了第二个难题中如何维持罚金数额标准的稳定性的问题。将罪行等级与相应的罚金数额幅度对应起来的罚金数额标准使得罚金数额标准脱离了对具体犯罪的依赖，即使具体犯罪在情节上有所变动，也不会对罚金数额确定标准产生影响。

那么就剩下第二个难题中如何保持罚金数额标准的灵活性问题了。罚金数额标准的灵活性可以从与罪行等级对应的罚金数额幅度的规定方式入手。美国在确定与不同罪行等级对应的罚金数额幅度时采用的是具体数额模式，但是这种方式规定过死，难以适应不断发展的经济水平，我国不宜采用。在我国，人均 GDP 是反映经济发展水平的重要指标，可以作为确定罚金数额的根据。为了使罚金数额可以随着经济的发展灵活调整，在规定方式上可以采取一定比例或者倍数的人均 GDP 形式，比如规定罪行等级为 1 ～ 2 级的，对应的罚金数额幅度为人均 GDP 的 5% ～ 10%，罪行等级为 3 ～ 4 级的，对应的罚金数额幅度为人均 GDP 的 10% ～ 15%。这样各个罪行等级既有对应的较为明确的罚金幅度，能够确保标准具有稳定性，又不至于将罚金数额限制过死，影响标准的灵活性。需要注意的是，我国是一个地区经济发展不平衡的国家，不宜确定全国统一的罚金数额幅度，为了与各地区经济发展水平相适应，上述人均 GDP 宜以各省的人均 GDP 为准。另外，各省经济是在不断发展的，为了保证罚金数额与经济发展水平同步，宜以各省上一年的人均 GDP 为标准。

本书只是为构建我国罚金数额标准提供了一个大方向的建议，其中还有诸多细节问题需要更多的考量和研究，但由于篇幅和主题的限制，本书不对这些细节问题作进一步探讨。

三、我国罚金执行制度之完善

宽严相济刑事政策的核心精神是区别对待，“该宽则宽”“该严则严”。罚金刑执行中需要具体问题具体分析，对不同情形下的罚金执行难问题要区别对待，采取不同的执行措施。从目前我国罚金刑的执行实践来看，我国罚金执行难主要有两大类：1. 客观上无法缴纳。这种情形下又分为两种，一种是犯罪分子没有财产，此时犯罪分子的主观心态可能存在愿意交纳和不愿意交纳两种。另一种是犯罪分子有财产但是存在不能缴纳的客观原因，比如犯罪分子自己或者家属需要大笔医疗费用等。2. 客观上有能力缴纳，也不存在阻碍缴纳罚金的客观因素，犯罪分子主观上不愿意缴纳。对于这两大类罚金执行难现象需要采取不同的措施，针对第一类中的不同情形，措施也需要有一定的区分。与罚金数额标准一样，罚金执行难问题也并非我国之特例，有罚金刑的国家几乎都面临这个问题。一些罚金制度较为成熟的国家在部分问题上已经找到有效对策，这些对策对于完善我国罚金刑执行制度具有一定的启发意义。因此，本文在立足于我国国情之上也对国外的罚金制执行制度进行了部分借鉴。本书将从罚金裁量阶段和罚金执行阶段分别讨论罚金执行制度的完善。

（一）裁量阶段罚金执行制度之完善

罚金裁量直接影响罚金执行。罚金裁量时如果犯罪分子客观上欠缺缴纳罚金的能力或者犯罪分子客观上有财产，但主观上已经开始谋划逃避罚金刑执行，都会影响后续罚金的实际执行。因此，如何分别应对罚金裁量时存在的可能影响罚金执行的情形十分重要。

1. 客观上欠缺缴纳能力

对于裁量时犯罪分子客观上欠缺缴纳罚金的能力的情形，法官一般可以从宽裁量，对犯罪分子采取宽缓的执行制度，以体现刑罚的人道性和宽严相济刑事政策宽缓的一面。犯罪分子客观上欠缺缴纳罚金的能力可以分为两种情形：一种是犯罪分子完全没有财产可供执行（又分为两种，一是犯罪分子今后有缴纳罚金的能力，二是犯罪分子今后无论如何也不会有缴纳罚金的能力）；另一种是犯罪分子有一定的财产可供执行（也分为两种，一是犯罪分子今后有缴纳剩余罚金的能力，二是犯罪分子今后无论如何也不会有缴纳剩余罚金的能力）。对这四种情形采取的措施需要进行一定的区别。

先来看一看对上面存在的情形，我国刑法中目前有哪些应对之策。

首先，我国“选科制”和“得并制”罚金适用方式可以应对上述部分问题。这两种罚金适用方式赋予了法官自由裁量权，当犯罪分子欠缺罚金缴纳能力时，法官可以选择不适用罚金来避免后续执行难问题。但有一个问题是，法官因犯罪分子经济困难不适用罚金，又没有替代罚金的措施，那么可能会导致罪责刑不相适应。对犯罪分子实现“宽”的同时，也损害了刑罚的“严”。

其次，分期缴纳制度也可以发挥一些作用。分期缴纳制度是指犯罪分子难以一次性缴纳判决的罚金时，可以允许其分阶段地完成罚金的缴纳。可以看出分期缴纳制度是以犯罪分子今后具有缴纳罚金的能力为前提的。对于犯罪分子今后没有缴纳罚金的能力的，分期缴纳制度无法发挥作用。可见，分期缴纳制度也不能解决上述全部问题。

美国在罚金裁量阶段对后续罚金执行进行了充分的考虑，制定了一系列很有针对性的措施，值得我国借鉴。

美国在裁量罚金刑时，首先要对犯罪分子的经济状况进行了解，然后根据犯罪分子的经济状况进行判决。犯罪分子今后有缴纳罚金刑的能力（无论当前是否有财产），但是目前一次性缴纳有困难的，法院会判决犯罪分子分期缴纳，同时对犯罪分子判决“过度消费”的禁止令。这样一方面对犯罪分子“宽”了，另一方面又对其“严”了。犯罪分子当前没有缴纳能力或者只有部分缴纳能力，今后不再具有缴纳能力的，法院会判决免除或者减少犯罪分子的罚金，但同时采取一项替代被减免的罚金刑，以弥补减免罚金造成的刑罚惩罚性减弱的缺陷。这样也一方面对犯罪分子“宽”了，另一方面又保证了刑罚的“严”。美国在减免刑罚中采取的替代措施主要是社区服务。[①] 可以看出，美国对罚金裁量时犯罪分子客观上欠缺缴纳能力的所有情形都进行了考虑，而且还设置了“宽严相济”的制度。

立足于我国实际，结合美国的经验，我国在罚金裁量阶段面对犯罪分子客观上欠缺缴纳能力的情形，可以采取以下几个方面措施，以克服后续罚金执行难问题。

第一，犯罪分子当前没有财产，今后也不可能有财产，法官可以选择不适用罚金刑，但同时要对犯罪分子宣告其他处罚措施。这就需要我国刑法增加相关规定。美国使用的替代措施是社区服务。笔者认为社区服务对我国也是可行的。社区服务具有非监禁性，比较轻缓，社区服务替代罚金不会导致惩罚的加重。另外，有些国家还用一些非刑罚措施来替代罚金刑，比如训诫。[②] 笔者认为罚金数额不大且犯罪分子真诚悔罪过的，也可以从宽，用训诫替代罚金。

第二，犯罪分子当前没有财产或者有一定的财产，今后有缴纳罚金的能力，法官可以判处罚金，同时适用分期缴纳制度，但同时还要禁止犯罪分子过度消费。这就需要我国刑法增加相应的禁止令。目前我国刑法的禁止令主要适用于被判处管制、宣告缓刑的犯罪分子，而且禁止令内容中没有限制消费这一项。可以考虑对判处罚金的犯罪分子增加禁止令规定。

第三，犯罪分子当前有一定的财产，但今后没有缴纳剩余罚金的能力，法

---

① United States Sentencing Commission，Guidelines Manual，§5E1.2（Nov. 2016）.

② 参见于志刚：《关于罚金刑易科制度的批判性思考》，《法学评论》2008 年第 2 期。

院可以减少犯罪分子部分罚金，同时适用替代措施替代被减免的罚金。替代措施与前述情形相同。

通过这些措施，就可以解决客观上欠缺罚金缴纳能力导致罚金执行难的问题。

2. 客观上具有罚金缴纳能力，但主观上试图恶意逃避罚金执行

客观上具有罚金缴纳能力，但主观上试图恶意逃避罚金执行的情形，则应当从严对待，以体现宽严相济刑事政策之“严”。

我国现有制度中，能够对裁量时犯罪分子企图恶意逃避罚金执行的行为，比如转移财产、隐匿财产、挥霍财产等发挥作用的主要是财产保全制度。但是对于已经发生的恶意逃避罚金执行的行为，我国则没有相关的应对措施。

在美国，罚金裁量时犯罪分子试图恶意逃避罚金执行的，比如申报财产时故意隐瞒财产状况等，一经被发现，法院就可以对犯罪分子判处更重的罚金刑。美国的这种做法具有一定的合理性。犯罪分子恶意逃避罚金执行的行为虽然不是犯罪事实本身，但是却是犯罪分子人身危险性的体现，恶意逃避罚金刑的执行说明犯罪分子人身危险性大，具有对犯罪分子从重处罚的根据。

我国可以借鉴美国的做法，除了事前预防犯罪分子恶意逃避罚金执行的行为外，事后还需要对已经发生了的恶意逃避罚金执行的行为予以惩罚。这也是宽严相济刑事政策之“严”的应有之义。

（二）执行阶段罚金执行制度之完善

虽然在裁量阶段对罚金制度进行了较精细的设计，可以避免部分罚金难的现象，但是执行阶段罚金执行难是不可避免的。因为，即使裁量阶段被判处罚金的犯罪分子都有能力或者今后有能力缴纳罚金，犯罪分子这种能力也可能因为客观原因消失，或者犯罪分子主观上不愿意缴纳罚金，罚金执行同样存在困难。对于这两种情形下罚金执行难的问题也需要分别采取措施。

1. 客观上具有缴纳能力，主观上恶意逃避罚金执行

对于客观上具有缴纳能力，但主观上恶意逃避罚金执行的行为，应当采取严厉的执行措施，体现宽严相济刑事政策“该严则严”的要求。

目前我国刑法对恶意逃避罚金执行的现象规定了强制缴纳制度和随时追缴制度。但是这两项制度作用的发挥以犯罪分子实际还有财产可执行，并且能够查明和追回犯罪分子的财产为前提。但是这是存在困难的。如果犯罪分子将财产挥霍一空，根本没有财产可以执行，强制缴纳和随时追缴等于空谈。如果犯罪分子隐匿、变卖、转移财产，执行机关要查找相关财产的下落也是困难的。这也是司法实践中我国这两项制度没有充分发挥作用的原因。因此，仅仅依赖于这两项制度还不能保证罚金刑的执行，体现刑罚的严厉性，需要寻求其他解决之法。

在面对犯罪分子恶意逃避罚金刑的执行时，美国等国家采取了罚金易科制度来实现罚金刑的执行。《美国联邦法典》第 18 章第 3614 条（b）（1）规定，被告故意拒绝支付逾期罚金，或未能充分善意支付罚金，将被重新判处监禁刑。①

罚金易科制度是指以监禁刑替代罚金刑的执行。可见，罚金易科制度是“以刑易刑”，而且是以重刑来替换轻刑。对于恶意逃避罚金刑执行的犯罪适用罚金易科制度具有一定的合理性。有学者对此种情形下的罚金易科制度的合理性进行了探究，犯罪人被判的罚金是一种刑罚，刑罚之间具有一定的同质性，必要时可以“以刑换刑”，具有一定的公正性。通过“换刑”即刑罚的转换，可以在一定程度上解决罚金的执行难问题。但是，应当指出，“以刑换刑”的本质，在于受刑人本人自愿的换刑，而非不得已的换刑。因此，易科自由刑只能而且必须仅仅是针对那些有支付能力却恶意逃避缴纳罚金的犯罪人。此时，作为故意逃避罚金刑的后果，从立法的角度来讲，是一种针对恶意行为的立法反击措施；从受刑人的角度来讲，逃避缴纳罚金的结果，是随之而来的监禁措施或者劳役，而这种结果是其自愿选择的。② 笔者非常赞同该学者所提出的罚金易科制度是犯罪分子“自愿”换刑的说法。每个有完全行为能力的人都要对自己的行为负责任，如果没有履行法律要求的义务，就需要承担相应的不利后果。缴纳罚金是法律要求犯罪分子承担的义务，犯罪分子恶意逃避相应义务的履行，法律就具有了对犯罪分子施加不利后果的根据。因此，刑法对于恶意逃避罚金执行的犯罪分子易科更重的自由刑，具有正当性。

易科罚金是对恶意逃避罚金执行的犯罪分子从严处罚的制度，充分体现了宽严相济刑事政策之“严”。我国可以借鉴美国等国家的做法，对恶意逃避罚金执行的犯罪分子增设罚金易科制度。

---

① U.S.Code. 18 USC 3614.

② 参见于志刚：《关于罚金刑易科制度的批判性思考》，《法学评论》2008 年第 2 期。

2. 客观上缴纳困难

对于执行时犯罪分子客观上丧失缴纳罚金的能力的情形，法官一般也可以从宽裁量，对犯罪分子采取宽缓的执行制度，以体现刑罚的人道性和宽严相济刑事政策宽缓的一面。犯罪分子客观上丧失缴纳罚金的能力可以分为两种情形：一种是犯罪分子完全丧失可供执行的财产（又分为两种，一是犯罪分子今后有缴纳罚金的能力，二是犯罪分子今后无论如何也不会有缴纳罚金的能力）；另一种是犯罪分子丧失部分财产（也分为两种，一是犯罪分子今后有缴纳剩余罚金的能力，二是犯罪分子今后无论如何也不会有缴纳剩余罚金的能力）。对这四种情形采取的措施需要进行一定的区别。

目前我国对于执行阶段犯罪分子没有缴纳罚金能力有几种执行措施。第一，对罚金一次性缴纳困难的，可以允许犯罪分子分期缴纳。如前所述，分期缴纳制度以犯罪分子将来具有罚金缴纳能力为前提，对于将来没有罚金缴纳能力的犯罪分子不适用。第二，由于遭遇不能抗拒的灾祸等原因缴纳确实有困难的，经人民法院裁定，可以延期缴纳、酌情减少或者免除。但是延期缴纳制度、减免制度将造成客观缴纳困难的原因限制在遭遇不能抗拒的灾祸等情形，对于一般客观原因导致的罚金缴纳不能的情形没有考虑。

对于执行阶段犯罪分子客观上缴纳罚金有困难的情形，需要在完善减免制度和延期缴纳制度基础之上，按照裁量阶段的做法对不同情形作不同处理。

首先，改革罚金减免制度和延期缴纳制度。

第一，改革罚金减免制度。当前减免制度的适用范围较窄，不能穷尽客观上不能缴纳罚金的情形，减免功能有限。根据《最高人民法院关于适用财产刑若干问题的规定》，《刑法》第 53 条中“遭遇不能抗拒的灾祸等原因”主要是因遭受火灾、水灾、地震等灾祸而丧失财产；罪犯因重病、伤残等而丧失劳动能力，或者需要罪犯抚养的近亲属患有重病，需支付巨额医药费等，确实没有财产可供执行的情形，可见罚金减免的范围限于那些重大的不可抗拒的天灾人祸，对于一般的影响罚金执行的情形比如失业、没有稳定收入或者收入大幅度降低等没有考虑。[①] 有人认为由于客观上难以控制的因素引起的无法缴纳罚金的情形都应当减免罚金。[②] 笔者也认为如果犯罪分子在客观上不具有缴纳罚金的能力，

---

①② 参见吴宗宪：《中国刑罚改革论》（下册），北京师范大学出版社 2011 年版，第 503 页。

不仅难以实际执行，还会损害刑法的权威性，因此对于客观上不具有缴纳能力的犯罪分子也可以减免罚金。

第二，放宽延期缴纳制度的条件。新增的延期缴纳制度与减免制度适用同样的条件，无法发挥延期缴纳真正的功能。延期缴纳制度与减免制度不同，它只是给无罚金缴纳能力的犯罪分子一定宽限期，过了宽限期犯罪分子仍然需要履行罚金缴纳义务，因此延期缴纳制度宽缓程度不如减免制度，那么延期缴纳制度的适用条件就不应当与减免制度一样严格。司法实践中很多犯罪分子是可以通过诚实劳动获得的收入缴纳罚金的，但是收入也需要一个累积的过程，因此延期缴纳的目的主要是给犯罪分子预留一些时间，让其通过劳动或者其他合法方式凑足罚金，以保障罚金刑的执行，是犯罪分子和国家双赢的制度。但是如果将延期缴纳制度的适用范围限制在因重大灾害不能缴纳罚金的情形的话，会打击那些由于一般的客观原因不能缴纳罚金，但主观上愿意缴纳罚金却没有足够时间保证获得足够的金钱的犯罪分子的积极性。而且通常对那些遭受重大灾害的犯罪分子而言，延期缴纳制度也很难保障其再有缴纳罚金的能力，对他们而言减免罚金更合适。因此，延期缴纳制度和减免制度适用的范围应当有所侧重，前者应当主要针对那些因一般客观原因不能缴纳罚金的犯罪分子，后者应当主要针对因重大的灾祸不能缴纳罚金的犯罪分子，只有如此安排才能充分发挥两种制度的功能，实现罚金执行中的宽缓。

其次，分不同的情况采取不同的执行措施。

第一，犯罪分子当前没有财产，今后也不可能有财产，法官可以直接免除罚金刑，但同时要对犯罪分子宣告其他处罚措施。

第二，犯罪分子当前没有财产或者有一定的财产，今后有缴纳罚金的能力，可以对其同时适用减免制度、延期缴纳制度和分期缴纳制度，但同时禁止犯罪分子过度消费。

第三，犯罪分子当前有一定的财产，但今后没有缴纳剩余罚金的能力，法院可以减少犯罪分子罚金，同时适用替代措施替代被减免的罚金。

通过这些措施，相信罚金执行难状况会有所好转。

有一种倾向需要注意。前文已经提到美国等国家在犯罪分子恶意逃避罚金执行时，会用罚金易科监禁刑以实现罚金执行。这些国家不仅将罚金易科制度适应于恶意逃避罚金执行的情形，还将易科罚金制度适用于犯罪分子客观上无能力缴纳罚金的情形。比如《美国联邦法典》第 18 章第 3614 条（b）（2）规定，鉴于罪行的性质和犯罪人的特征，犯罪分子无法缴纳罚金时，被判处监禁的替代办法不足以达到惩罚和威慑的目的的，可以适用监禁刑。第 3614 条（c）对这种情形进行了一定的限制，即在任何情况下不能仅仅因为犯罪分子出于贫困原因不能缴纳罚金就判处犯罪分子监禁。① 但是即使有这个限制条件，还是存在对客观上不能缴纳罚金的犯罪分子加重处罚的情形。对因客观原因不能缴纳罚金的犯罪分子适用罚金易科制度是不合理的。客观上不能缴纳罚金与主观上恶意逃避罚金是不同的，主观恶意逃避罚金执行的行为具有被非难的正当根据，因此可以对其加重处罚，而客观上不能缴纳罚金的情形，缺乏被非难的对象，对其加重处罚欠缺合理根据。而且，对客观上不能缴纳罚金的情形易科自由刑在我国是与宽严相济刑事政策的精神严重违反的。从我国的刑法立法以及相关司法解释可以看出，我国对客观上不能缴纳罚金的情形是持宽容的态度的，比如罚金减免制度，而易科罚金则将本来较轻的罚金刑变为更重的自由刑，不仅没有体现对这部分犯罪分子的“宽”，反而是更“严”了。因此，对客观上缴纳罚金刑困难的犯罪分子绝不能易科自由刑。目前学界一些盲目推崇在所有情形下适用罚金易科制度的观点是不对的。

（三）其他罚金执行保障措施的完善

1.“先缴后判”制度之确立

为了保证罚金判决生效后有可执行的财产，司法实践中常常采取的做法是“先缴后判”，即在判决之前要求犯罪分子缴纳一定的金钱，在判刑时放宽自由刑的处罚，这种做法保障了罚金刑的执行②，但是也遭受很多诟病，有人认为这种做法违背了未经人民法院判决任何人不得确定有罪的基本原则③，同时也存在“以钱赎罪”的嫌疑。这种质疑主要源于有关文件对“先缴后判”的规定，《关于全国法院维护农村稳定刑事审判工作座谈会纪要》规定“对于应当并处罚金刑的犯罪，如被告人能积极缴纳罚金，认罪态度较好，且判处的罚金数量较大，自由刑可适当从轻，或者考虑宣告缓刑”，该规定的表述将“先缴”的金钱定性为“罚金”，确实有违背相关法律原则之嫌。但笔者认为不应当全面否定“先缴

---

① U.S. Code. 18 USC 3614.

② 参见王琼:《罚金刑实证研究》，法律出版社 2009 年版，第 346 ～ 347 页。

③ 参见卢小毛:《罚金刑：困境与出路》，《南京审计学院学报》2008 年第 1 期。

后判”的做法，因为毕竟这是一个能高效保证罚金执行的措施，但是也不能忽视这种做法中存在一些不符合法律原则和法律程序的地方。事实上“先缴”的一定数额的金钱不应当被解释为罚金，可以将其看作是变相的财产保全制度，只是这里的财产保全由犯罪分子主动配合完成，“先缴”的金钱只有经过判决之后才能转变为罚金，这样就不会违背未经判决不得确定有罪原则，上述《纪要》中的表述需要重新斟酌。另外，犯罪分子主动“先缴”一定数额的金钱的行为可以看作是犯罪分子悔罪的表现，可以作为酌定的从宽处罚情节，在判决时放宽自由刑的判决逻辑是“先缴”一定数额的金钱—悔罪的表现—从宽处罚，而不是“先缴”一定数额的金钱＝减少自由刑刑期。为了保证司法实践的统一，可以将该做法作为一种制度法律化。“先缴后判”在司法实践中较为普遍，但是罚金刑执行率仍然低下的现状说明仅依靠这一种措施是无法保证罚金刑的执行的，还需要寻找更多的途径。

2. 应当充分利用拒不执行判决裁定罪的规定来处理执行阶段恶意逃避罚金缴纳的犯罪分子①

司法实践中拒不执行判决裁定罪主要针对不执行民事判决的情形，对于不执行罚金刑的情形，以拒不执行判决裁定罪进行处罚的很少。近些年来拒不执行判决裁定罪在敦促“老赖”履行法院民事判决方面起到了较好的作用，在罚金刑执行特别是单处罚金刑执行中积极利用该罪的后盾保障作用，应该会起到增加罚金执行率的效果。

3. 完善罚金执行的联动机制

面对罚金执行难的困境，近年来我国又探索出了一条行之有效的措施，即将财产刑的执行与减刑、假释联系起来，建立起财产刑执行与减刑、假释的联动机制，刺激罚金刑的执行。该机制将罚金缴纳作为悔罪表现，对于积极缴纳罚金的犯罪分子，在减刑、假释时从宽把握，对于有能力缴纳罚金但故意不缴纳的犯罪分子，在减刑、假释时从严把握。②联动机制促进罚金执行的作用表现为：一方面“利诱”犯罪分子积极缴纳罚金，另一方面“威逼”犯罪分子缴纳罚金。近年来各地联动机制的实践表明该机制对于提高罚金执行率有积极的作用。但是联动机制在适用对象上也存在局限性，导致其效果没有得到充分发挥。

---

① 参见高长富：《论罚金刑的理论重构》，《吉首大学学报（社会科学版）》2006 年第 5 期。

② 参见李晓磊：《罪犯执行财产义务与减刑、假释审理联动机制之研究》，《西南政法大学学报》2016 年第 3 期。

这种局限性表现在目前的联动机制只涉及在监狱服刑的犯罪分子的罚金刑执行问题，没有考虑监狱外服刑的犯罪分子罚金缴纳问题，比如被判处缓刑的犯罪分子以及已经被假释的犯罪分子的罚金刑执行问题。对此，美国的经验可以给我们一些启示。根据《美国联邦量刑指南手册》，罚金可以作为个案中唯一的刑罚，但是如果犯罪分子在宣判时没有缴纳全部罚金的话，法院则一般要判处犯罪分子缓刑，同时将罚金刑缴纳作为缓刑考验条件；如果罚金与监禁刑并处，法院一般会在判处监禁刑的同时判处一定期限的监督释放，同时将罚金缴纳作为监督释放期间的考验条件。[①] 美国这种为了保证罚金执行的做法可谓也是一种罚金刑与缓刑、监督释放的联动机制。美国的联动机制模式更关注监狱外服刑的犯罪分子罚金执行问题，这是目前我国联动机制所没有覆盖到的。借鉴美国经验，我国罚金执行联动机制可以进一步完善：将被判处缓刑的犯罪分子和已经被裁定假释的犯罪分子的罚金执行问题纳入联动机制中去，对于被判处缓刑的犯罪分子，如果有能力缴纳罚金故意不缴纳的，可以撤销缓刑；对于假释中的犯罪分子有能力缴纳罚金而故意不缴纳的，可以撤销假释，收监执行。

① United States Sentencing Commission，Guidelines Manual，§5E1.2（Nov. 2016）.

第三章
宽严相济刑事政策指导下的没收财产刑

没收财产刑是指将犯罪分子个人所有的财产的一部分或者全部强制无偿地收归国有的刑罚方法。[①]一般认为没收财产刑是一种较为严厉的财产刑。古代没收财产刑无论是在我国还是在外国都是较为普遍的一种刑罚方法。近代西方国家在“私有财产神圣不可侵犯”原则的推动下纷纷废除了没收财产刑。现在西方国家存在的没收财产并非没收犯罪分子合法财产的没收财产刑，而是没收犯罪工具、违法所得等特殊没收。我国是目前世界上少有地保存了没收财产刑的国家。根据我国刑法的规定，没收财产刑是附加刑的一种。没收财产刑是目前我国附加刑中最严厉的一种。

第一节　我国没收财产刑的历史演变

在我国，没收财产刑也是一种历史悠久的刑罚方法。从我国古代到新中国成立初期，相比罚金刑，我国没收财产刑发挥着更为重要的作用。近年来，随着刑罚轻缓化成为世界发展潮流，没收财产刑有所式微。对没收财产刑的历史演变进行梳理有助于对没收财产刑进行理性的反思。

一、我国古代时期的没收财产刑

对于我国没收财产刑的起源，学界主要有两种见解。一种见解认为我国没收财产刑起源于奴隶制社会的周朝。[②]这种见解的理由是西周是奴隶社会鼎盛时期，原来一无所有的奴隶演变为拥有少量生产生活资料的农奴，并且由于剩余产品的增多，奴隶主贵族累积大量财富，为没收财产刑的出现奠定物质基础。[③]

① 参见齐文远主编：《刑法学》，北京大学出版社 2016 年版，第 277 页。
② 参见樊凤林主编：《刑罚通论》，中国政法大学出版社 1994 年版，第 232 页。
③ 参见万志鹏：《没收财产刑研究》，西南政法大学博士学位论文 2010 年，第 67 页。

沈家本先生考证，《周礼》中记载了君王治理群臣的八种手腕，其中之一是“夺”，而所谓“夺”，就是指“臣有大罪没入家财者”。①另一种见解认为我国没收财产刑起源于封建制社会的战国。②这种观点认为奴隶社会诸侯的财产本质上都是周王的财产，没收诸侯财产相当于没收周王自己的财产，没有实际意义，而奴隶本身根本没有财产，因此缺乏没收财产刑存在的物质基础。只有新兴地主阶级以及农耕、小手工业者出现后，没收财产刑才有普遍适用的可能性。③从两种观点支撑的理由来看，似乎都具有合理性。本书并不试图在两种观点中选择一种作为没收财产刑的起源学说。但是可以肯定的是，战国时期的《法经》是公认的最早明确记载没收财产刑的典籍，其记载的“籍刑”“籍没”便是没收财产刑早期的表现形式。不过“籍刑”不仅仅包括对犯罪分子财产的没收，还包括将犯罪分子的家属没入官奴，因此我国古代的籍刑在范围上要比现代意义上的没收财产刑广得多。

自战国之后我国几乎历朝历代都存在没收财产刑，只是各朝代有不同的表现形式。秦朝没收财产刑被称为“籍没”，也被称为“收”“收录”，没收对象包括犯罪分子的财产和家属。《法律答问》记载：“夫有罪，妻先告，不收。妻，媵臣妾，衣，器当收不当？不当收。”此处“收”就是指没收。汉朝、南北朝的没收财产刑称为“没官”。《北齐律》规定：“受纳货贿，悉以没官。”《梁律》也规定：“其谋反、降叛、大逆以上皆斩……妻子女妾同补奚官为奴婢，赀财没官。”可见，此时的没收已经开始区分对象，对没收财产与没收家属为奴分别进行了规定。隋唐时期没收财产有“没官”“籍没”或“没”等多种称谓，《隋志》记载：“唯大逆谋反叛者，家口没官。”《唐律疏议·盗贼》规定：“诸谋反及大逆者，皆斩。父、子年十六以上，皆绞；十五以下及母、女、妻、妾、祖、孙、兄、弟、姊、妹，若部曲、资财、田、宅，并没官。”在唐朝以及之前的朝代，没收财产主要适用于谋反等重罪，宋朝由于盗贼猖狂，没收财产刑被用以严厉打击盗贼，《宋史·刑法志》记载：“劫盗罪当死者，籍其家赀以赏告人，妻子编置千里。”辽国将“籍没”作为正式刑名予以规定，《辽史·刑法志》记载：“然其制刑之凡有四：曰死，曰流，曰徒，曰杖。死刑有绞、斩、凌迟之属，又

① 参见（清）沈家本：《历代刑法考（二）》，邓经元、骈字骞点校，中华书局1985年版，第821页。
② 参见吴宗宪、陈志海、叶旦声等：《非监禁刑研究》，中国人民公安大学出版社2003年版，第510页。
③ 参见徐安住：《财产刑研究》，中国检察出版社2004年版，第77～78页。

有籍没之法。”元朝进一步将没收财产刑适用范围扩大到经济犯罪中。明朝将没收财产刑称为“入官”或者“籍没”，适用于谋反等重罪和逃税等经济犯罪。清朝承袭明律的做法，没收财产刑适用范围变化不大。

总的来看，我国古代没收财产刑是重刑主义、威慑刑罚的产物。没收财产常常与没收犯罪分子家属为奴同时适用。没收财产刑的适用对象主要是谋反等政治犯罪，后来随着商品经济的发展，没收财产刑也开始适用于一些贪利犯罪。相比死刑、肉刑等残酷刑罚，以没收财产为内容的没收财产刑地位相对次要，基本是作为附加刑适用，适用范围极为有限。

二、革命战争时期的没收财产刑

相比罚金刑，没收财产刑在我国革命战争时期发挥着更重要的作用。

第一次国内革命时期，没收财产的主要适用对象是军阀官僚、土豪劣绅以及少部分普通犯罪分子。1922 年《中共中央第一次对于时局的主张》就明确规定：没收军阀官僚的财产，将他们的田地分给贫苦农民。湖北、湖南两省规定的惩治土豪劣绅条例就规定了对于严重犯罪分子，除了判处主刑外，还要没收一部分或者全部财产。两省分别在 1926 年和 1927 年通过《没收逆产问题决议案》规定，对一切军阀官僚土豪劣绅的财产予以没收。此时期对部分贪污犯罪也处以没收财产刑。①

第二次国内革命时期，没收财产的适用范围进一步扩大。1931 年《赣东北特区苏维埃暂行刑律》将没收财产刑作为正式刑罚规定其中，没收之物包括违禁私造私有之物、供犯罪所用及预备之物、因犯罪所得之物。可见这里的没收财产实际上是现在我国刑法中的特殊没收。1934 年中华苏维埃共和国《惩治反革命条例》《关于惩治贪污浪费行为》的训令都规定了在主刑之外科处没收部分或者全部财产。

抗日战争时期，汉奸、盗匪成为没收财产的主要适用对象，也对少许其他犯罪分子适用没收财产刑。《晋西北没收汉奸财产单行条例》《晋冀鲁豫边区汉

① 参见张希坡：《中华人民共和国刑法史》，中国人民公安大学出版社 1998 年版，第 392 ～ 394 页。

奸财产处理暂行办法》《山东省处理汉奸财产条例》等都对没收汉奸财产进行了规定。《陕甘宁边区破坏金融法令惩罚条例》《禁烟禁毒条例》对破坏金融犯罪、烟毒犯也规定了没收财产刑。值得注意的是，这一时期没收财产刑的诸多规则得以确立，包括：不得没收日用品；犯罪分子有父母且没有继承财产时，仅没收本人自置财产；犯罪分子有继承人时，没收其大部分财产，留一部分财产给无辜的配偶和子女；犯罪分子与其兄弟姐妹共有的财产，按照股权没收属于犯罪分子那部分财产；对犯罪分子的债权，如果债务人是穷人，则免除穷人的债务，如果债务人是富人，则由政府向债务人追讨债务；公司财产中只没收属于犯罪分子那部分财产，不得妨碍其他投资人的正当利益。

第三次国内革命时期，没收财产适用对象变化不大，但是没收财产规则得到进一步丰富。1945 年《苏皖边区惩治叛国犯罪（汉奸）暂行条例》规定了需要没收财产的，要先行查封财产；对于掠夺人民的财产和与人民签订的收买、代管、租赁、抵押的财物契约一律作废，没收这些财物后酌情返还给原受害人；对于隐匿的财产，一经查出全部没收。1946 年《辽西区行政公署关于没收财产问题的决定》则更为详细地规定了没收财产的对象、没收财产的范围、没收财产的执行程序和机关、没收财产中第三人权益的保护、没收之物的处理以及没收财产中权利救济等内容。

革命战争时期，没收财产刑起着打击敌人、夺取和巩固政权的重要作用，也对普通刑事犯罪起着惩罚和预防的作用。这一时期形成的没收财产刑规则为后来我国刑法没收财产刑制度的确立奠定了基础。这些规则一部分为后来的刑法直接吸收，另一部分虽然没有被刑法所采纳，但是对于反思当前我国没收财产刑也大有益处。

三、新中国成立后的没收财产刑

新中国成立之后的很长一段时期，没收财产刑主要适用于反革命分子。1951 年《中华人民共和国惩治反革命条例》《关于没收反革命罪犯财产的规定》《华东军政委员会关于处理青年反革命分子财产问题的批复》、1953 年《最高人民法院对东北分院关于"九一八"前东北旧军阀官僚等财产应否没收问题的批复》《最高人民法院对上海市人民法院关于对不知情的第三人买得的汉奸房产应否没收的问题的批复》等条例和批复对反革命分子适用没收财产刑中的诸多问题进行了规定。这些条例和批复确立了如下原则：没收财产分为全部没收和部分没收；没收财产可以单独适用；没收财产的范围是犯罪分子实际所有的一切动产与不动产，供犯罪使用的虽然不属于犯罪分子的财产也应当没收；对未参与反革命的反革命分子家属保留必要的生产和生活资料；不得没收反革命分子家属所有的财产，包括未供犯罪使用的共同所有财产，继承的财产以及共同创置的财产中家属应有的那部分财产；善意购买第三人的财产权受保护；没收的财产中属于反革命罪犯侵吞、霸占、抢劫人民的财产，应当返还人民；反革命分子所负正当债务，需要以没收的财产偿还，经债权人请求，可以适当偿还；宣判之后发现其他应当予以没收的财产应当没收等。

对于其他犯罪分子比如严重的贪污犯罪分子、妨碍国家货币犯罪分子也有没收财产刑的规定，适用规则大体与反革命分子中的没收财产刑适用规则一致。

新中国成立之后，特别是在打击反革命分子中没收财产刑发挥了重要的作用。期间确立的诸多没收财产刑适用规则为 1979 年刑法中没收财产刑的设置提供了直接的经验。

四、1979 年刑法颁布后的没收财产刑

1979 年刑法总则对没收财产刑的没收范围进行了规定，没收财产刑的没收范围仅限于犯罪分子个人所有的财产的一部分或者全部，不得涉及犯罪分子家属所有或者应有的财产。1979 年刑法分则中一共有 23 个条文规定了没收财产刑，其中 12 个反革命罪，5 个破坏社会主义市场经济秩序罪，3 个侵犯财产罪（抢劫罪、盗窃罪以及贪污罪），3 个妨碍社会管理秩序罪（引诱、容留卖淫罪，制造、贩卖、运输毒品罪，走私文物罪）。1979 年刑法中没收财产刑的适用方式有并处制和复合制两种，其中复合制没收财产有 2 处规定，因此 1979 年刑法中存在单处没收财产的可能性，其余的全部为“得并制”没收财产，没有“必并制”没收财产规定。从没收财产刑与其他刑罚的搭配来看，其既可以与 3 年以下有期徒刑、拘役、管制以及剥夺政治权利并处，又可以与 3 年以上有期徒刑并处，还能与无期徒刑和死刑并处适用。

从没收范围来看，1979 年刑法中没收财产刑的规定体现了罪责自负、不牵

连无辜原则。从适用范围来看，该刑法中没收财产刑针对的犯罪类型主要为性质严重的犯罪和以经济利益为目的犯罪，针对性较强。从适用方式来看，1979年刑法中没收财产刑的主要适用方式是并处适用，极个别犯罪可以单独适用没收财产刑。从没收财产刑与其他刑罚的搭配来看，没收财产刑能与轻重差别巨大的刑罚（下至剥夺政治权利，上至死刑）搭配适用。1979年刑法关于没收财产刑的规定整体上体现了这种刑罚的严厉性，但是也有部分规定不符合没收财产刑的刑罚特性。首先，1979年刑法虽然规定没收财产刑的适用范围包括性质严重的犯罪和以经济利益为目的的犯罪，但是却将没收财产适用于程度较轻的情形，比如其规定主刑为拘役、管制的也可并处没收财产，而主刑判处拘役或者管制说明犯罪程度并不严重，并处没收财产罚不当罪。其次，没收财产刑是财产刑的一种，但是因其较为严厉，不具备罚金刑那样的刑罚轻缓化功能，故没收财产刑的主要价值在于特殊预防，其应当主要针对与财产有直接或者间接联系的犯罪，但是1979年刑法中有些犯罪与财产并没有联系，比如煽动抗拒法律、法令实施罪，既没有以营利为目的，又没有利用财产进行犯罪，也没有侵犯他人或国家的财产权益，规定没收财产刑没有体现没收财产的特殊预防价值，罚不当罪，仅仅只是增加了刑罚的严厉性，重刑主义倾向明显。再次，没收财产刑作为一种较为严厉的财产刑，应当针对较为严重的犯罪，对程度较轻的犯罪单处没收财产刑不合适。1979年刑法中2处复合制没收财产刑的规定都是3年以下有期徒刑或者拘役，可以并处、单处罚金或者没收财产，从主刑来看，犯罪的严重程度并不大，单处没收财产刑不合适。综上可见，1979年刑法中的没收财产刑各方面的规定虽然凸显了没收财产刑的刑罚特性，但是规定都偏严厉。

1979年刑法颁布之后的多个单行刑法也涉及没收财产刑的规定，没收财产刑的适用范围随着单行刑法中新罪名的增加以及某些犯罪原法定刑的修改得以扩大。这些单行刑法主要包括《全国人民代表大会常务委员会关于严惩严重破坏经济的罪犯的决定》《全国人民代表大会常务委员会关于惩治走私罪的补充规定》《全国人民代表大会常务委员会关于惩治贪污罪贿赂罪的补充规定》《全国人民代表大会常务委员会关于惩治走私、制作、贩卖、传播淫秽物品的犯罪分子的决定》《全国人民代表大会常务委员会关于惩治盗掘古文化遗址古墓葬犯罪的补充规定》《全国人民代表大会常务委员会关于惩治违反公司法的犯罪的决定》《全国人民代表大会常务委员会关于惩治破坏金融秩序犯罪的决定》《全国人民代表大会常务委员会关于惩治虚开、伪造和非法出售增值税专用发票犯罪的决定》等。大量单行刑法极大地丰富了我国没收财产刑的规定，为 1997 年刑法中没收财产刑的设置奠定了基础。

五、1997 年刑法颁布后的没收财产刑

1997 年刑法在修订时有过关于没收财产刑存废的争议，最终 1997 年刑法采纳了继续保留没收财产刑的主张，进一步调整了没收财产刑的内容规定。[①] 这些规定表现在：在没收财产刑的没收范围上，1997 年刑法虽然同样规定没收财产刑的没收范围是犯罪分子个人所有的财产的一部分或者全部，但是增加了没收全部财产时为犯罪分子及其抚养的家属保留必要生活费用的规定；同时还规定没收财产之前犯罪分子所负债务需要以没收的财产进行偿还时债权人有相关请求权；此外还增加了民事赔偿优于没收财产的规定。在没收财产刑的适用范围上，1997 年刑法中的没收财产刑涉及危害国家安全罪，破坏社会主义市场经济秩序罪，侵犯公民人身权利、民主权利罪，侵犯财产罪，妨碍社会管理秩序罪，贪污贿赂罪 7 章中的犯罪。在没收财产的适用方式上，1997 年刑法取消了复合制没收财产的规定，只保留了并处制没收财产的规定，并且增加了“必并制”没收财产的规定，减少了“得并制”没收财产的规定。1997 年刑法中的并处没收财产的规定只有 15 条，其余均为“必并制”没收财产。在没收财产与其他刑罚的搭配上，除了危害国家安全罪之外，1997 年刑法排除了其他犯罪类型中 5 年以下有期徒刑、拘役并处没收财产的情形，没收财产只能与 5 年以上有期徒刑、无期徒刑及死刑并处适用。

1997 年刑法关于没收财产刑的财产范围的新规定体现了刑法对犯罪分子、犯罪分子家属、债权人以及刑事被害人合法利益的保护，体现了刑罚的文明化、人道化、宽缓化。1997 年刑法扩大没收财产刑的适用范围遵循了“以性质严重的犯罪以及以经济利益为目的的犯罪为主要适用对象”的规律，基本符合没收财产刑严厉性的特征。1997 年刑法取消了复合制没收财产的规定，排除了单处没收财产刑的可能性，相比 1979 年刑法更加科学。1997 年刑法减少了“得并

① 参见翟中东主编：《刑种适用中疑难问题研究》，吉林人民出版社 2001 年版，第 318 页。

制”没收财产的规定并且增加了“必并制”没收财产的规定，体现了没收财产配置从严的趋势。1997 年刑法对除危害国家安全犯罪之外的其他犯罪中没收财产刑与其他刑罚配置的调整，将没收财产刑的适用限制在程度较严重的情形，基本符合没收财产刑的刑罚特性。但是在危害国家安全犯罪中没收财产能够与所有自由刑包括管制刑以及剥夺政治权利并处适用，违背没收财产刑的严厉性的特质，可能导致罪刑不均衡。综上，从整体上来看，1997 年刑法关于没收财产刑的规定较之 1979 年刑法的规定更加科学、合理、文明和人道，但是也存在诸多与没收财产刑刑罚特性不相符合的地方。

1997 年刑法制定之后的 9 个刑法修正案进一步扩大了没收财产的适用范围。扩大有两种表现：一是在原来已有罪名中增加没收财产刑的规定；二是增加新的罪名的同时增加没收财产刑。经过 9 个修正案的调整，目前刑法中已有 70 多个犯罪规定有没收财产刑。值得一提的是《刑法修正案（三）》在增加资助恐怖主义活动罪的同时对情节严重的增加了没收财产刑的规定，使没收财产刑适用范围首次扩大到危害公共安全罪一章。没收财产刑的适用范围不仅包括性质严重的犯罪、以经济利益为目的的犯罪，还包括以财产为犯罪条件的犯罪。刑法修正案还对与没收财产刑搭配的自由刑下限进行了调整，《刑法修正案（八）》在调整组织、领导黑社会性质组织罪的法定刑时规定对于积极参加的犯罪分子，处 3 年以上 7 年以下有期徒刑，可以并处罚金或者没收财产，将除了危害国家安全罪之外其他犯罪类型中与没收财产刑并处的自由刑的刑期下限降低至 3 年有期徒刑。从各个刑法修正案颁布的背景来看，增加没收财产刑的罪名都是在当时较为突出的犯罪，没收财产刑适用范围的扩大以及与没收财产刑搭配的自由刑刑期下限的调整都体现了从严打击这些突出犯罪的立法倾向。

第二节　我国没收财产刑存在的问题

我国没收财产刑在适用方式、裁量以及理念上都存在不符合宽严相济刑事政策基本要求的问题，引发这些问题的原因有些是立法层面的，有些是司法层面的，还有一些是观念层面的。推进没收财产刑中宽严相济刑事政策的贯彻，首先需要对这些问题以及产生这些问题的原因进行剖析。

一、我国没收财产刑适用方式存在的问题

根据我国刑法规定，没收财产适用方式有“并处没收财产”（“必并制”没收财产）、“可以并处没收财产”（“得并制”没收财产）、“并处罚金或者没收财产”以及“可以并处罚金或者没收财产”四种。在分则 64 处没收财产刑规定中，“并处没收财产”有 8 处，“可以并处没收财产”有 3 处，“并处罚金或者没收财产”有 30 处，“可以并处罚金或者没收财产”有 1 处。这些适用方式中“并处没收财产”是最严厉的一种，刑法分则中 8 处“并处没收财产”都是作为特定犯罪最严重情节的附加刑存在的，体现了刑法对相应的 8 种犯罪严厉打击的态度。但是由于“并处没收财产”规定过于绝对，当司法实践中当犯罪分子没有财产或者拥有的财产有限时，没收财产“空判”现象以及罚金与没收财产“轻重倒挂”现象无法避免。“空判”现象导致没收财产没有能够实际发挥刑罚作用，刑罚“明严实宽”，没收财产刑与罚金刑“轻重倒挂”现象导致整个刑罚“宽严失衡”。

（一）“必并制”没收财产下“空判”现象无法避免，刑罚“明严实宽”

“必并制”没收财产规定下无论犯罪分子是否实际拥有财产，法院都必须并处犯罪分子没收财产，否则就违反了罪刑法定原则。这种不考虑犯罪分子实际财产状况的没收财产刑适用方式导致司法实践中没收财产“空判”现象无法避免，使得刑罚判决看起来严厉，实际上无法发挥严厉作用。

【案例 1】被告人蔡某，2017 年 6 月因贩卖毒品罪被某市中级人民法院有期徒刑 15 年，并处没收个人全部财产。2017 年 11 月该院刑庭立案执行被告人蔡某的没收财产判决。该院穷尽执行措施，未发现蔡某有可供执行的财产。2018 年 2 月该院裁定终结蔡某刑事判决中没收财产的执行。

根据我国《刑法》第347条规定，实施贩卖毒品罪的犯罪分子主刑被判处15年以上有期徒刑、无期徒刑或者死刑时，必须并处没收财产。本案中被告人蔡某所犯之罪为贩卖毒品罪，主刑为15年有期徒刑，依据刑法的规定，法院必须对被告人蔡某并处没收财产。后来法院调查证实被告人根本没有个人财产，没收财产判决只能停留在纸面上，根本无法执行，最终只能终结执行。这种情况从表面上看，蔡某被判处了有期徒刑15年外加并处没收全部财产，蔡某承受的刑罚严厉性是15年有期徒刑的严厉性和没收全部财产的严厉性的总和，但由于蔡某没有个人财产，因此没收财产部分根本无法实际发挥其严厉性，没收财产刑的判决成为“空判”，蔡某最终承受的刑罚的严厉性只是15年有期徒刑的严厉性。对蔡某的处罚表面上严厉，实际上大打折扣，形成了“明严实宽”的现象。而由于刑法的强制性规定，即使法院在判决前明知被告人蔡某没有个人财产，还是必须并处蔡某没收财产，因为如果法院不并处蔡某没收财产，就违背了罪刑法定原则。可见，在“必并制”没收财产下没收财产“空判”现象无法避免，导致对犯罪分子的处罚“明严实宽”。

（二）“必并制”没收财产下罚金与没收财产“轻重倒挂”现象无法避免，刑罚“宽严失衡”

“必并制”没收财产规定下，司法实践中罚金与没收财产“轻重倒挂”现象也无法避免。

导论案例2中王某的罪行重于吴某的罪行。法院判处被告人王某并处没收全部财产，判处被告人吴某并处罚金5万元，看起来法院对王某所做的财产刑判决重于对吴某所做的财产刑判决。但是实际上由于王某没有可供执行的财产，因此对判处王某的财产刑数额实际为0元，而吴某有18682.59元银行存款，即使今后吴某再无能力缴纳剩余的罚金，吴某的财产刑数额也至少是18682.59元。可见，从实际上来看对吴某判处罚金刑比对王某判处的没收财产刑要重得多。王某罪行较重，承受的财产刑较轻，吴某罪行较轻，承受的财产刑却较重，财产刑“轻重倒挂”“宽严失衡”，违背罪责刑相适应原则和宽严相济刑事政策基本精神。

但问题的关键是本案“罚金刑重，没收全部财产轻，罚金与没收财产轻重倒挂”现象无法避免。这是因为根据《刑法》第347条规定，贩卖毒品罪中犯罪分子主刑为无期徒刑时，必须并处犯罪分子没收财产。导论案例2中王某的主刑为无期徒刑，即使法院知道王某没有个人财产，也必须依法并处其没收其财产。“必并制”没收财产刑规定下，本案中刑罚“宽严失衡”现象无可避免。

二、我国没收财产刑裁量中存在的问题

（一）“先判决，后调查”的裁量顺序导致没收财产刑“空判”，“严”无法实现

本章的案例 1、导论中的案例 2 以及笔者查阅的大量全国各省各级法院做出的没收财产刑执行裁定书都反映出司法实践中没收财产刑的裁量顺序是“先判决，后调查”，即法院在判决没收财产刑时并没有对犯罪分子的实际财产状况进行调查，而是先行判处犯罪分子没收财产，之后在没收财产执行中才开始对犯罪分子的财产状况进行全面的调查。这种裁量顺序无视犯罪分子的实际财产状况，先行做出没收财产的判决，一旦犯罪分子实际上没有个人财产，那么做出的财产判决将成为一纸空文。

根据《刑法》第 59 条之规定，没收财产的范围应当是犯罪分子现实所有的个人财产的一部分或者全部，因此没收财产是否能够有效执行很大程度上依赖犯罪分子的现有财产状况。法院在判处没收财产刑时应当充分考察犯罪分子的财产状况，如果犯罪分子没有个人财产，则不宜判处没收财产，因为这种情形下，无论是部分没收还是全部没收都无法实际执行，判处没收财产不仅没有凸显没收财产的严厉性，反而使犯罪分子受到的处罚大打折扣；如果犯罪分子个人财产十分有限，也不宜判处没收财产，因为没收财产通常针对的是犯罪最严重的情形，如果犯罪分子财产十分有限，那么即使判处没收全部财产仍然显示不出没收财产的严厉性，同样损害了刑罚的权威。因此，为了保证没收财产实际能够得到执行，真实地发挥其作为严厉财产刑的作用，法院裁量没收财产时应当对犯罪分子的实际财产状况进行充分的调查。没收财产裁量顺序应当是“先调查，后判决”，但遗憾的是司法实践中没收财产的裁量顺序是“先判决，后调查”，导致大量没收财产无法得到执行，“空判”现象严重，没收财产之“严”无法实现。

（二）没收财产刑裁量中存在“不该判而判”现象

如上所述，当犯罪分子实际上没有财产或者财产十分有限时，没收财产实际上起不到任何刑罚作用，此时就不该判处犯罪分子没收财产刑。在“必并制”没收财产规定中，为了维护罪刑法定原则，即使不该判处没收财产，法官不得已判处，这种情形可以理解。但是如果刑法赋予了法官选择权，法官还是判处了没收财产就实属不应当了。

【案例2】被告人田某，2012年11月因合同诈编罪、虚报注册资本罪，被某市中级人民法院判处没收个人全部财产。2013年8月该院立案执行本案中没收财产。法院查明证实被告人田某没有可供执行的财产，遂裁定终止此次没收财产的执行，如果以后发现田某有可供执行的财产时，恢复执行。

本案中被告人田某因犯合同诈骗罪被判处没收个人全部财产，但是由于法院暂时并未发现田某有可供执行的现有财产，遂只能终止此次对田某判处的没收财产执行。如果法院之后穷尽一切措施也没有发现田某有可供执行的财产，那么本案就又是一起没收财产“空判”案件。但是与前面案例不同，本案是有可能避免没收财产刑“空判”现象的。根据《刑法》第224条的规定，合同诈骗罪中数额特别巨大或情节特别严重的，判处相应主刑时，“并处罚金或者没收财产”，因此在判处附加财产刑时，法官有两个选择：一是判处罚金，二是判处没收财产。罚金与没收财产的不同之处在于罚金不以犯罪分子现有财产为限，当犯罪分子没有现有财产时，判处罚金比判处没收财产的严厉性要大，此时应当判处罚金刑。本案中被告人田某没有个人财产，宜对其判处罚金而不是判处没收财产，但法院最终对其判处了没收财产刑，实为“不该判而判”。

三、我国没收财产刑与罚金刑轻重关系定位中存在的问题

进一步对我国没收财产刑在适用方式、适用范围以及裁量中存在问题进行思考，可以发现产生这些问题的根源与我国当前对没收财产刑与罚金刑的轻重关系定位密不可分。

（一）当前我国没收财产刑与罚金轻重关系定位

当前我国刑法对没收财产刑与罚金刑轻重关系的定位是：没收财产刑是重于罚金刑的财产刑。这可以从刑法对没收财产刑的诸多规定、没收财产刑的司法适用中得出结论。

首先，刑法规定体现了我国对没收财产刑与罚金刑关系定位是前者重于后者。主要有三个方面的表现：第一个表现是刑法对诸多犯罪中情节较轻的设置了罚金刑，而对情节严重的（一般是最严重的情节）设置了没收财产刑，比如组织、领导、参加恐怖组织罪中，组织者和领导者的法定刑为10年以上有期徒刑或无期徒刑并处没收财产，积极参加者的法定刑为3年以上10年以下有期徒刑并处罚金，这种立法设置无疑是在“没收财产是重于罚金的财产刑”的指导思想下出现的。第二个表现是没收财产刑与罚金刑在个罪中的排列顺序一般是罚金在前、没收财产在后，比如抢劫罪中情节特别严重的财产刑规定为“并处罚金或者没收财产”，按照我国刑法分则法定刑一般排列规律，在情节严重的情形中，刑罚排列顺序一般是由轻自重，从罚金在前、没收财产刑在后的排列顺序可以看出立法者对罚金与没收财产的轻重区分。第三个表现是对于一些性质严重的犯罪，刑法只规定了没收财产刑而没有规定罚金刑，比如危害国家安全罪中没收财产刑的规定，体现了立法者将没收财产刑作为一种严厉的财产刑的基本立场。

其次，没收财产的司法适用也反映出司法人员将没收财产刑定位为比罚金刑更为严厉的财产刑。根据笔者目前所查阅的同时规定了罚金和没收财产的犯罪案件来看，当被告人主刑为死刑或者无期徒刑时，没收财产适用率远远高于罚金适用率，而且没收全部财产比重最高。对最严厉的主刑配置没收财产而不是罚金，充分表明在司法人员看来没收财产刑是比罚金刑更加严厉的财产刑。

我国刑法立法和司法对没收财产刑与罚金刑的轻重关系定位也得到了理论界的普遍认同。多年来刑法理论界对“没收财产刑是重于罚金刑的财产刑”的观点深信不疑。比如有刑法教科书指出“没收财产刑是一种较为严厉的财产刑”“罚金刑是一种较轻的财产刑”。[①] 还有学者认为对危害国家安全的犯罪仅处以主刑不能显示国家对它们的否定评价，难以从刑罚上反映出它们与其他犯罪

---

① 参见齐文远主编：《刑法学》，北京大学出版社2016年版，第277页。

的区别，而附加罚金刑又不合适，需要附加没收财产刑。①

（二）当前我国没收财产刑与罚金刑轻重关系定位导致的问题

我国刑法中没收财产和罚金的多处规定是在“没收财产刑是比罚金刑更加严厉的财产刑”思想的指导下形成的，这些规定中很多规定都存在导致没收财产与罚金轻重失衡的可能性。比如，由于立法者认为没收财产刑比罚金刑严厉，因此在制度设计上对罚金较为严格，对没收财产刑则较为宽松。具体表现在没收财产以犯罪分子个人财产为限，罚金不以犯罪分子个人财产为限；没收财产中规定了为犯罪分子本人和家属保留必要生活费用以及债权人请求权，罚金没有此规定；罚金有随时追缴制度，而没收财产刑没有此制度。而在这些制度下，罚金的严厉性可能远远超过没收财产刑的严厉性。②

又比如，由于立法者认为没收财产刑比罚金刑严厉，对同一犯罪的严重情节仅仅规定没收财产，对较轻情节规定罚金，比如组织、领导、参加黑社会性质组织罪中对组织、领导者规定没收财产，对积极参加者规定罚金，但是如果组织、领导者没有个人财产，那么对积极参加者的罚金就会重于对组织、领导者的没收财产。

在“没收财产刑是比罚金刑更加严厉的财产刑”的思想指导下，司法人员做出的某些决定也会直接导致没收财产与罚金轻重失衡。比如面对罚金与没收财产选处案件时，当犯罪分子主刑十分严厉时，法官会倾向于适用严厉的没收财产刑，以实现附加刑与主刑、犯罪分子罪行在严厉程度上的匹配。但是同样的，如果犯罪分子实际上没有财产可供执行，那么判处犯罪分子没收财产刑就远不及判处罚金刑严厉。

可见，我国没收财产刑中存在的诸多“轻重失衡”“宽严不相济”的问题的根源是由于当前我国对没收财产刑与罚金刑的轻重关系没有进行正确定位。要解决这些问题首先需要对我国没收财产刑与罚金刑的关系进行重新审视。

---

① 参见邱兴隆、许章润：《刑罚学》，中国政法大学出版社 1999 年版，第 219 页。

② 参见何显兵：《论没收财产刑的改革与完善——以绵阳市最近三年司法统计数据为例》，《中国刑事法杂志》2011 年第 1 期。

第三节　我国没收财产刑之完善

我国没收财产刑存在的诸多违背宽严相济刑事政策的问题根源于我国对没收财产刑与罚金刑轻重关系的片面定位，因此要解决这些问题首先需要对我国没收财产刑与罚金刑的轻重关系进行全面的审视。在此基础上，进一步在宽严相济刑事政策的指导下对我国没收财产刑的适用方式、适用范围以及司法裁量进行完善。

一、我国没收财产刑与罚金刑轻重关系再审视

从没收财产刑中存在的诸多“空判”现象、没收财产刑与罚金刑“轻重失衡”现象可以看出，当前我国普遍存在的“没收财产刑是重于罚金刑的财产刑”的观点是建立在对我国对没收财产刑的严厉性幻想的基础之上的。

从形式上来说，没收财产刑确实比罚金刑严厉。没收财产刑剥夺的是犯罪分子一切形式的财产，实现方式十分直接和赤裸，而罚金刑剥夺的是犯罪分子一定数额的金钱，实现方式较为间接和缓和。直接剥夺犯罪分子拥有的一定的“物”比剥夺犯罪分子一定的金钱对犯罪分子的冲击要大。比如剥夺犯罪分子1万元的财物与让犯罪分子缴纳1万元的罚金，虽然价值相等，但前者可能是犯罪分子的劳动成果，凝聚了犯罪分子的情感，剥夺这个财物会直接伤害犯罪分子的情感，而罚金则不具有这样的效应。[①] 因此，从这个角度来看，没收财产刑比罚金刑严厉。由于没收财产刑具有这种对人类普遍情感的杀伤力，没收财产刑一般只能适用于严重的犯罪。

---

① 参见万志鹏：《没收财产刑废止论——从历史考察到现实分析》，《安徽大学学报（哲学社会科学版）》2008年第5期。

但仅仅考察没收财产刑与罚金刑形式上的严厉程度还不能完全揭示两者的轻重关系。因为如果罚金在数额上远远超过没收财产的财产价值，即使没收财产刑形式上严厉，实际上也没有罚金刑严厉。没收财产刑实际上是否具有严厉性主要取决于犯罪分子个人的财产状况，如果犯罪分子拥有巨额财产，没收犯罪分子财产无疑是十分严厉的，但是如果犯罪分子身无分文，没收财产与否对犯罪分子而言没有实质性的影响，此时没收财产刑并不严厉。因此，没收财产与罚金的轻重关系不能一概而论，只能在具体的情形中具体分析。

根据犯罪分子的财产状况，没收财产与罚金实际上可能呈现三种轻重关系。第一种是没收财产重于罚金。这种关系以犯罪分子实际拥有的财产为前提，而且犯罪分子拥有的财产的价值必须足够完全执行被判处的没收财产刑。第二种是没收财产与罚金严厉性相当。这种关系也以犯罪分子实际拥有的财产为前提，只是犯罪分子拥有的财产价值有限，能够实际执行的财产价值只相当于对犯罪分子判处罚金的数额。第三种是没收财产比罚金严厉性还小。这种情形中犯罪分子要么完全不拥有个人财产，要么拥有的个人财产数量极少，即使没收犯罪分子全部财产也达不到判处罚金的严厉程度。

鉴于没收财产与罚金实际上可能存在的三种轻重关系，应当根据犯罪分子实际的财产状况来选择适用没收财产还罚金，当犯罪分子财产足够充足时，应当判处犯罪分子没收财产，体现对严重犯罪的严厉打击，当犯罪分子没有实际财产或者财产十分有限时，则应当判处犯罪分子较高数额的罚金，以实现罪刑相适应。

二、我国没收财产刑适用方式之完善

“必并制”没收财产中，没收财产刑“空判”现象、财产刑“轻重失衡”现象都无可避免，因此“必并制”没收财产刑不可取，我国刑法需要取消“必并制”没收财产刑的规定。那么，取消“必并制”没收财产刑之后，刑法中原来那些“必并制”没收财产刑的规定何去何从呢？是将原来的“必并制”没收财产改为“得并制”没收财产呢，还是采取其他规定方式？

“得并制”没收财产“可以并处没收财产”的规定与“并处罚金或者没收财产”“可以并处罚金或者没收财产”规定都可以克服“必并制”没收财产适用方式上的僵硬，只是实现的途径不同。“得并制”没收财产“可以并处没收财产”

规定下，如果不宜判处没收财产刑，法官可以直接不适用没收财产；“并处罚金或者没收财产刑”规定下，法官可以通过选择适用罚金避免不宜适用没收财产刑的情形；“可以并处罚金或者没收财产”的规定下，法院即可直接选择不适用任何财产刑，也可以选择适用罚金刑来避免不宜适用没收财产刑的情形。相比之下，“可以并处罚金或者没收财产”最具灵活性。

但是根据目前我国规定有“必并制”没收财产刑的犯罪中刑罚设置的特点，宜将“必并制”没收财产“并处没收财产”的规定改为“并处罚金或者没收财产”或者是“可以并处罚金或者没收财产”，而不宜改为“得并制”没收财产“可以并处没收财产”的规定。目前我国刑法中“必并制”没收财产规定共有7处，这7处“必并制”没收财产都是相应犯罪中最严重情节的财产刑。在这些犯罪中，没收财产刑并不是唯一的财产刑，对于情节更轻的，都有“并处罚金或者没收财产”“并处罚金”或者“可以并处罚金或者没收财产”“可以并处罚金”的规定。比如拐卖妇女、儿童罪中情节最严重的，刑法规定“并处没收财产”，情节较轻的，刑法规定了“并处罚金或者没收财产”，情节更轻的，刑法规定了“并处罚金”；组织、领导、参加黑社会性质组织罪中，对于情节最严重的组织者和领导者，刑法规定了“并处没收财产”，对于情节较轻的积极参加者，刑法规定“可以并处罚金或者没收财产”，对于情节更加轻微其他参加者，刑法规定了“可以并处罚金”。如果将这些犯罪中的“并处没收财产”改为“可以并处没收财产”，就可能出现情节最严重的没有适用任何财产刑，而情节较轻的反而被判处财产刑的现象，导致刑罚“宽严失衡”。因此，不宜将“并处没收财产”改为“可以并处没收财产”。为了实现各个犯罪财产刑设置的协调，对类似拐卖妇女、儿童罪中的“并处没收财产”宜改为“并处罚金或者没收财产”，对于类似组织、领导、参加黑社会性质组织罪中的“并处没收财产”宜改为“可以并处罚金或者没收财产”。另外，根据笔者在罚金刑部分的设想，所有的“必并制”罚金都应当改为“得并制”罚金，那么最终所有的“并处罚金或者没收财产”都应当改为“可以并处罚金或者没收财产”。

三、我国没收财产刑适用范围之完善

对于目前我国没收财产刑适用范围存在立法规定“严”，司法适用“宽”，立法、司法不一致的现象，笔者认为我国立法对没收财产刑的适用范围规定过于宽泛，没收财产刑设置偏严，司法实践限缩没收财产刑适用范围的做法更加符合宽严相济刑事政策的基本精神。我国没收财产适用范围的立法规定应当根据司法实践作出相应的调整。

（一）没收财产刑适用范围立法规定过宽

没收财产刑适用范围立法规定过宽的具体表现主要有两方面。

一是危害国家安全罪不区分情节可以全部并处没收财产的规定使没收财产适用范围过宽。个罪中刑罚的轻重不仅与犯罪性质的严重程度有关，还与犯罪情节有关。性质严重的犯罪也有情节轻重之分，对情节较重的犯罪规定较重的刑罚、对情节较轻的犯罪规定较轻的刑罚是罪责刑相适应原则应有之义。不能因为某类型的犯罪性质极其恶劣就不对其进行情节轻重的区分，片面严厉打击所有情节的犯罪。没收财产刑是一种严厉的刑罚方法，只能适用于严重的犯罪。这里的严重不仅指性质严重，还指情节严重。危害国家安全罪侵害的法益是国家安全、主权、领土完整以及基本社会制度，这些法益的重大性不言而喻，因而人们提及此罪常常“谈虎色变”，自古以来统治者对此类犯罪都是持“高压”的态度。但是由于过多地关注此类犯罪侵害法益的重要性，立法者常常会忽略具体案件中法益侵害的程度，不加区分全面打击所有实施危害国家安全犯罪的犯罪分子。实际上即使性质特别严重的危害国家安全犯罪也存在程度的区别，在某些危害国家安全犯罪中，对于罪行较轻的犯罪分子，不应当规定严厉的没收财产刑。笼统地将危害国家安全犯罪看成是一个整体，认为只要犯罪性质恶劣，无论情节如何都可以并处没收财产刑，这种做法与危害国家安全罪中情节的划分、主刑的设置规则不相符合，违背罪责刑相适应原则以及宽严相济刑事政策“区别对待”的基本精神。

二是其他犯罪中与没收财产刑并处的主刑起点低，不当地扩大了没收财产刑的适用范围。目前危害国家安全犯罪之外的其他犯罪中与没收财产刑并处的主刑可低至 3 年有期徒刑。自由刑刑期较低说明犯罪的严厉程度较低，配置没收财产刑这种严厉的附加刑，会显得刑罚过于严厉，不符合罪责刑相适应原则。没收财产刑与刑期较短的自由刑搭配适用也不利于犯罪分子回归社会，妨碍犯罪预防的实现。对于被判处自由刑的犯罪分子，犯罪分子在监狱服刑改造期间基本生活由国家财政承担，没收财产基本不会对其本人生活有直接的影响，但是一旦犯罪分子重新回归社会，没收财产将对犯罪分子的生活甚至生存产生直接且重大的影响。一般而言，对于判处自由刑的犯罪分子，自由刑刑期越短，没收财产对犯罪分子产生的影响越大，自由刑刑期越长，没收财产刑对犯罪分子产生的影响越小。这是因为，一方面如果自由刑刑期越短，犯罪分子适应自己财产骤减后低下生活水平的时间就越短，前后落差感就越大；而自由刑刑期越长，犯罪分子在监狱中度过的低生活水平的时间就越长，出狱之后面对财产被没收之后的低生活水平时产生的落差感就越小。而且由于财产可能会因为物价上涨、通货膨胀、政策调整、家人消费、自然力量以及其他因素逐渐贬值和耗损，时间越长贬值和耗损幅度越大，所以即使没有被没收财产，犯罪分子在长期与自己的财产脱离直接联系之后，其财产可能逐渐耗损甚至消失，这对于犯罪分子的生活产生的影响与没收财产对犯罪分子的生活产生的影响可能是相当的，从这个角度而言，自由刑刑期越长，没收财产对犯罪分子心理上造成的落差感越小。从再犯危险性来看，犯罪分子生活水平和心理感受前后落差越大，越不利于犯罪分子顺利地回归社会，犯罪分子极有可能因为生活所迫或者不满情绪再次实施同种或者其他类型的犯罪。所以，从犯罪预防角度，对自由刑刑期较短的情形并处没收财产可能不会收到很好的犯罪预防效果。

（二）没收财产刑适用范围的立法调整

司法实践将没收财产的适用范围基本限制在主刑为 10 年以上有期徒刑的情形，使没收财产这种严厉的财产刑主要适用于罪行严重的犯罪，较好地避免了在罪行较轻的犯罪中适用没收财产刑的情形，符合宽严相济刑事政策的基本要求。但是由于目前立法上没收财产的适用范围还很宽泛，司法实践不能绝对避免对罪行轻微的犯罪适用没收财产刑的情形，因此需要对没收财产适用范围的立法规定进行调整，进一步缩小没收财产的适用范围。

有一个问题是：是否需要区分实施危害国家安全的犯罪分子和其他普通犯罪分子，对两者采取不同的适用范围标准？本书认为有必要对两者区别对待。危害国家安全犯罪威胁的是整个国家安全和政权的稳定，自古以来就是“十恶”之首，其严重性是其他犯罪无法比拟的，应当对危害国家安全犯罪中的没收财产刑采取更严格的适用范围标准，才能体现出该罪性质与其他犯罪性质的差别。那么就需要分别调整危害国家安全犯罪和其他犯罪中没收财产刑适用范围的规定。

1. 危害国家安全犯罪中没收财产刑的适用范围调整

首先，取消危害国家安全罪中处 3 年以下有期徒刑、拘役、管制或者剥夺政治权利情形中没收财产刑的规定。根据我国缓刑制度的规定可以看出，我国刑法对被判处 3 年以下有期徒刑的犯罪分子的态度是宽和的，也说明被判处 3 年以下有期徒刑的犯罪分子罪行不重。被判处拘役、管制、剥夺政治权利的犯罪分子的罪行就更为轻微。如前文所述，没收财产刑因其特性一般只宜对罪行严重的犯罪分子适用，对于罪行轻微的犯罪分子适用没收财产刑会使刑罚显得过于严厉，不符合宽严相济刑事政策的基本要求。故应当取消罪行并不严重的被判处 3 年以下有期徒刑、拘役、管制或者剥夺政治权利的犯罪分子的没收财产刑规定。司法实践对这部分犯罪分子几乎没有适用没收财产刑，并没有使我国危害国家安全犯罪的形势恶化，表明取消这部分没收财产刑是可行的。因此，完全可以排除危害国家安全罪情节较轻情形中没收财产刑的适用。

其次，保留对被判处 3 年以上有期徒刑的犯罪分子没收财产的适用规定。虽然统计显示危害国家安全罪中没收财产刑的适用范围主要集中在犯罪分子被判处 10 年以上有期徒刑的情形，但是鉴于危害国家安全罪的严重性，不宜将危害安全罪中没收财产适用范围缩小到犯罪分子被判处 10 年以上有期徒刑的情形。对实施危害国家安全罪犯罪分子处罚应当相对更严，才符合宽严相济刑事政策的要求。本书以为排除被判处 3 年以下有期徒刑、拘役、管制以及剥夺政治权的犯罪分子的没收财产刑的适用足以体现宽严相济刑事政策的“宽”，对于剩下的犯罪分子还是要保留适用没收财产的可能性，以体现宽严相济刑事政策的“严”。因此，危害国家安全犯罪中没收财产刑的适用范围宜调整为犯罪分子被判处 3 年以上有期徒刑情形。

2. 其他犯罪中没收财产刑适用范围的调整

本书认为其他犯罪中没收财产刑的适用范围标准宜以司法实践中形成的适用范围标准为准，故应当取消其他犯罪中犯罪分子主刑低于 10 年以下有期徒刑的情形中没收财产刑的适用，将没收财产刑的适用范围限制在主刑高于 10 年以上有期徒刑的情形。理由是：第一，实践是检验真理的唯一标准，实践出真知。司法实践将没收财产刑的适用范围集中在犯罪分子被判处的主刑高于 10 年有期徒刑的情形并不是某一个地区、某一个法院的个别做法，而是全国各地的法院的普遍做法，说明这种做法不是偶然现象，必定具有其合理性。我们不能忽视司法实践中形成的一些普遍规则。第二，从我国刑法关于没收财产刑的规定来看，多数犯罪中与没收财产刑并处的主刑都在 10 年有期徒刑之上。第三，从立法背景来看，对那些低于 10 年有期徒刑的情形设置没收财产刑的立法基本是在某种犯罪形势较为突出的情况下进行的，比如《刑法修正案（八）》对组织、领导、参加黑社会性质组织罪中没收财产刑的调整就是在当时黑社会犯罪形势严峻的背景下出现的。但是司法实践证明，没有对主刑低于 10 年以下有期徒刑的犯罪分子适用没收财产并没有使各种犯罪的形势恶化。因此，没有必要对主刑低于 10 年有期徒刑的犯罪分子适用没收财产刑。第四，立法规定与司法实践脱节严重，如果长期如此，就会导致立法虚置，不仅不能凸显没收财产刑的严，还会损害法律的权威性。在司法实践具有合理性的情况下，立法应当积极向司法靠拢，根据司法经验作出相应的调整。综上，本书认为其他犯罪中没收财产刑的适用范围可以限制在主刑高于 10 年以上有期徒刑的情形。

四、我国没收财产刑裁量之完善

没收财产能否发挥严厉性作用取决于其实际是否能够得到有效的执行，而没收财产的执行依赖于犯罪分子的实际财产状况。因此为了保证没收财产的执行率，在没收财产刑裁量时，首先要对犯罪分子的实际财产状况进行充分的了解，其后再根据犯罪分子的实际财产状况决定是否判处犯罪分子没收财产以及判处多大“量”的没收财产。所以，没收财产的裁量至少要分为两步。

第一步，调查犯罪分子的财产状况。虽然一直以来诸多学者提出对犯罪分子的财产状况进行调查存在困难[①]，但实际上司法实践中已经形成了诸多有效的财产调查措施。这些措施主要包括向犯罪分子发出执行通知书、报告财产令，责令被告人主动申报自己的财产状况；向犯罪分子发出限制消费令，将其纳入失信人名单，防止犯罪分子挥霍可能被没收的财产；通过网络查控系统调查犯罪分子在银行、非金融机构支付平台的存款、股票、债券等；到有关登记机关查询犯罪分子登记过的房产、汽车等；亲自走访犯罪分子（原）户口所在地，了解其财产情况，或者委托当地法院调查；悬赏群众提供犯罪分子的财产情况。

① 参见杨彩霞：《没收财产刑的困境与出路》，《华东政法大学学报》2001 年第 4 期。

可以看出司法实践中财产调查措施是丰富多样的，基本可以满足对犯罪分子基本财产状况掌握的需要。法院在裁量没收财产前可以采取以上措施对犯罪分子的基本财产状况进行把握。

作为法院没收财产裁量参照的犯罪分子的财产状况并不等于是犯罪分子实际拥有财产的状况。法院穷尽上面的调查措施之后得出的犯罪分子的基本财产状况就可以作为后续没收财产裁量的参考。如果法官通过这些措施发现犯罪分子有某项财产，只是犯罪分子将其藏匿起来或者下落不明的，法院根据实际情况，如果找到该财产的可能性极大，则可以将其列入作为裁量参照的犯罪分子现有财产考虑，如果找到该财产的可能性不大，则不宜将其作为裁量参照的犯罪分子现有财产考虑。

第二步，根据犯罪分子的财产状况裁量没收财产。如前所述，根据犯罪分子的财产状况，没收财产与罚金可能出现三种轻重关系：犯罪分子没有财产，罚金重于没收财产；犯罪分子有一定量的财产，罚金与没收财产严厉性相当；犯罪分子拥有大量财产，没收财产重于罚金。法院应当根据调查得出的犯罪分子财产基本情况，判断是罚金重还是没收财产重，并且选择判处犯罪分子较重的财产刑。为什么这里要选择重的财产刑而不是轻的财产刑呢？这是因为刑法规定了没收财产的犯罪情形都是严重的犯罪情形，特别是如果根据本书的设想对没收财产的适用范围进行调整之后，没收财产的适用主要集中在犯罪性质和情节都严重的情形中，根据宽严相济刑事政策的基本要求，对于严重的犯罪应当严厉处罚，因此法院应当选择适用更重的财产刑。这样，既能避免没收财产刑“空判”现象以及没收财产刑与罚金刑在个案中“轻重失衡”现象，又能实现对严重犯罪的严厉惩罚，符合宽严相济刑事政策“该严则严”的基本要求。

第四章
宽严相济刑事政策指导下的剥夺政治权利刑

剥夺政治权利刑是指剥夺犯罪分子参加国家管理和政治活动权利的刑罚方法。[①] 剥夺政治权利刑属于资格刑的一种。目前剥夺政治权利刑是我国刑法中唯一的资格刑，属于我国附加刑的一种。

第一节　我国剥夺政治权利刑的历史演变

从剥夺政治权利的基本内容来看，剥夺政治权利是民主社会发展到一定阶段的产物。在不同时期，为满足不同的政策需求，剥夺政治权利扮演着不同的角色。我国剥夺政治权利经历了从仅作为刑罚方法——同时作为专政措施与刑罚方法并且以专政措施为主——作为刑罚方法但政治色彩浓厚的演变过程。

一、晚清与民国时期的剥夺政治权利

我国剥夺政治权利的前身是“褫夺公权”。[②] 我国“褫夺公权”这一刑罚方法最早见于晚清制定的《大清新刑律》。《大清新刑律》是晚清政府为了挽救岌岌可危的封建王朝，效仿西方国家法律体系，由法学家沈家本主持，在日本法学家冈田朝太郎的帮助下制定的我国第一部近代刑法典，带有浓厚的资本主义刑法色彩。《大清新刑律》规定对于被褫夺公权的人，终身剥夺下面权利的一部分或者全部：（1）为官员之资格；（2）为选举人之资格；（3）膺封赐勋章、职衔出身之资格；（4）入军籍之资格；（5）为学堂监督、职员、教习之资格；（6）为律师之资格。不过《大清新刑律》由于清朝的灭亡尚未来得及全面实施，其内容为北洋军阀政府颁布的《暂行新刑律》所沿用。

---

① 参见齐文远主编：《刑法学》，北京大学出版社 2016 年版，第 275 页。

② 中央法制委员会 1950 年 11 月 28 日颁布的《关于“褫夺公权”刑名的改正及其解释》指出，“褫夺公权，系沿用旧名词。现在依据《共同纲领》第 7 条的规定，为剥夺政治权利；故为统一名称起见，应依《共同纲领》，决定为剥夺政治权利”。

中华民国时期，在沿用《暂行新刑律》基础上，国民党政府制定了《中华民国刑法》，其中也有褫夺公权的规定，褫夺内容为下列资格的部分或者全部：（1）为公务员之资格；（2）公职候选人之资格；（3）行使选举、罢免、创制、复决四权之资格。

二、新中国成立后的剥夺政治权利

以新中国成立为胜利标志的新民主主义革命阶段结束后，我国进入了过渡时期。当时的社会矛盾主要表现为广大人民群众同帝国主义、封建主义和官僚资本主义之间的矛盾。为了彻底完成民主革命遗留下来的任务，巩固新生政权，剥夺政治权利主要被作为一项针对敌对阶级分子的专政措施。1949 年作为准宪法的《中国人民政治协商会议共同纲领》第 9 条规定：对于一般的反动分子、封建地主、官僚资本家，在解除其武装消灭其特殊势力后，仍须依法在必要时期内剥夺他们的政治权利。但同时给以生活出路，并强迫他们在劳动中改造自己，成为新人。1954 年《宪法》第 19 条规定：中华人民共和国保卫人民民主制度，镇压一切叛国的和反革命的活动，惩办一切卖国贼和反革命分子。国家依照法律在一定时期内剥夺封建地主和官僚资本家的政治权利，同时给以生活出路，使他们在劳动中改造成为自食其力的公民。虽然两部宪法（宪法性文件）对剥夺政治权利的规定有一定差别，但都主要针对威胁新生政权、阻碍社会主义发展的封建地主和官僚资本主义，阶级针对性和阶级统治工具性十分明显。

根据 1950 年《法制委员会关于剥夺政治权利问题的解答》《管制反革命分子暂行办法》等文件，剥夺政治权利的范围包括：选举权、被选举权；担任国家职务的权利；担任公共团体职务的权利；受国家勋章、奖章、荣誉称号的权利；受抚恤金的权利；参加人民武装的权利；言论、出版、集会、结社、通讯、居住迁移以及游行示威的自由。

1956 年社会主义三大改造完成，标志着我国新民主主义革命阶段结束和社会主义初级阶段的开始。虽然党的八大指出，三大改造完成之后我国的主要矛盾为人民对于经济文化迅速发展的需要同当前经济文化不能满足人民需要状况之间的矛盾，但是由于我国刚进入社会主义初级阶段，阶级矛盾虽然不是最主要矛盾，但是仍然较为突出并且长期存在。为了保护我国社会主义制度，我国并没有放弃同敌对阶级的斗争。1975 年《宪法》第 14 条规定：国家保卫社会主义制度，镇压一切叛国的和反革命的活动，惩办一切卖国贼和反革命分子。国家依照法律在一定时期内剥夺地主、富农、反动资本家和其他坏分子的政治权利，同时给以生活出路，使他们在劳动中改造成为守法的自食其力的公民。1978 年《宪法》第 18 条规定：国家保卫社会主义制度，镇压一切叛国的和反革命的活动，惩办一切卖国贼和反革命分子，惩办新生资产阶级分子和其他坏分子。国家依照法律剥夺没有改造好的地主、富农、反动资本家的政治权利，同时给以生活出路，使他们在劳动中改造成为守法的自食其力的公民。相比前两部宪法（宪法性文件），1975 年宪法和 1978 年宪法中剥夺政治权利针对的对象虽然发生了变化，但是这些对象依然是社会主义的“敌人”，是专政的对象，因此剥夺政治权利依旧是专政措施。而且，1978 年宪法中剥夺政治权利针对对象的变化（新生资产阶级分子和其他破坏分子）也进一步证明了当时阶级矛盾在我国反复和长期存在。

这一时期，剥夺政治权利在被作为专政措施的同时，也被作为一种刑罚方法使用。1951 年《妨碍国家货币暂行条例》、1952 年《中华人民共和国惩治贪污条例》都对剥夺政治权利进行了规定。① 普通犯罪中剥夺政治权利的适用规则与针对反革命分子的剥夺政治权利适用规则基本一致。

三、1979 年刑法颁布后的剥夺政治权利

1979 年刑法总则对剥夺政治权利的范围、适用对象、适用期限、适用方式等进行了规定。根据 1979 年《刑法》第 50 条规定，剥夺政治权利的范围包括：选举权和被选举权；1978 年《宪法》第 45 条规定的各种权利；担任国家机关职务的权利；担任企业、事业单位和人民团体领导职务的权利。根据第 51 条、53 条规定，管制附加剥夺政治权利的期限与管制刑期相同，死刑、无期徒刑附加剥夺政治权利期限为终身，其他情形剥夺政治权利期限为 1 年以上 5 年以下，死缓、无期徒刑减为有期徒刑时附加的剥夺政治权利期限为 3 年以上 10 年以下。

---

① 参见张希坡：《中华人民共和国刑法史》，中国人民公安大学出版社 1998 年版，第 384 ～ 385 页。

根据第 51 条、54 条规定，管制附加剥夺政治权利从管制执行之日起计算，其他情形从徒刑、拘役执行完毕或者假释之日起计算。1979 年刑法中剥夺政治权利既可以附加适用又可以独立适用。根据第 52 条、53 条的规定，附加剥夺政治权利的适用对象为反革命分子、严重破坏社会秩序的犯罪分子以及被判处死刑、无期徒刑的犯罪分子。单独剥夺政治权利的犯罪则由刑法分则明确规定。1979 年刑法中有 10 个条文（第 139 条、第 143 条、第 145 条、第 157 条、第 158 条、第 159 条、第 166 条、第 167 条、第 186 条、第 188 条）规定了单独剥夺政治权利。

1979 年刑法对剥夺政治权利刑具有重要的意义，作为一部全国性统一刑法典，1979 年刑法的颁布使得剥夺政治权利的范围、适用对象、适用期限、适用方式得以统一。剥夺政治权利在形式上获得统一的刑罚地位。但是由于 1979 年刑法中的剥夺政治权利的适用对象主要是反革命犯罪分子，因此剥夺政治权利的政治目的很明显，带有极强的维护政权稳定的政治色彩。1979 年刑法中的剥夺政治权利实质上仍然是阶级斗争的工具。

1979 年刑法颁布后，随着多个单行刑法中死刑和无期徒刑的增多，剥夺政治权利适用范围得以扩大。有关司法解释使得剥夺政治权利的适用规则更加明确。1994 年《最高人民法院关于在附加剥夺政治权利执行期间重新犯罪的被告人是否适用数罪并罚问题的批复》指出对于主刑已经执行完毕、在附加剥夺政治权利期间重新犯罪的，应该数罪并罚。新罪判处的刑罚执行完毕之后，再执行剩余的剥夺政治权利。

四、1997 年刑法颁布后的剥夺政治权利

1982 年剥夺政治权迎来了具有转折性的一年。1982 年宪法对剥夺政治权利进行了重大的调整。1982 年《宪法》第 34 条规定：中华人民共和国年满十八周岁的公民，不分民族、种族、性别、职业、家庭出身、宗教信仰、教育程度、财产状况、居住期限，都有选举权和被选举权；但是依照法律被剥夺政治权利的人除外。有学者将 1982 年宪法视为我国剥夺政治权利作为一种独立的

刑罚存在的标志。[①] 确实，1982 年宪法的颁布对剥夺政治权利的发展意义重大。首先，1982 年宪法首次将剥夺政治权利移除宪法总纲，将其放入公民基本权利与义务一章，体现了我国对政治权利认识的深入；其次，1982 年宪法在规定剥夺政治权利时没有针对特定的对象，而是将其作为享有选举权和被选举权的排除资格，淡化了剥夺政治权利专政工具的色彩。表面上看来，宪法作为基本大法，取消了剥夺政治权利作为专政措施的规定，那么剥夺政治权利理应从专政工具转变成了一般刑罚措施。但是，由于 1979 年刑法中剥夺政治权利主要针对的还是反革命犯罪分子，所以即使剥夺政治权利表面上是刑罚方法，但实质上仍然没有摆脱阶级镇压工具的性质。因此虽然 1982 年宪法对剥夺政治权进行了全面的调整，也仍然没有从实质上改变剥夺政治权利专政工具的性质。

上述现状一直维持到 1997 年。1997 年剥夺政治权利迎来了又一个重大的转折点——新《刑法典》的颁布，使剥夺政治权利实现了从阶级斗争工具向一般刑事犯罪制裁措施的实质转变。总则中，1979 年《刑法典》第 52 条被 1997 年《刑法典》第 56 条所替代，法律条文相应的由“对于反革命分子应当附加剥夺政治权利；对于严重破坏社会秩序的犯罪分子，在必要的时候，也可以附加剥夺政治权利”转变为“对于危害国家安全的犯罪分子应当附加剥夺政治权利；对于故意杀人、强奸、放火、爆炸、投毒、抢劫等严重破坏社会秩序的犯罪分子，可以附加剥夺政治权利”。其中变化内容有两处：变化一是“反革命分子”变为“危害国家安全的犯罪分子”，这一表述的转变，不仅是我国抛弃“以阶级斗争为纲”路线在刑法上的体现，更是 “刑罚以犯罪为基础”的罪刑关系在刑法中的确认。剥夺政治权利再也不是阶级斗争的工具，而是处罚犯罪的措施，性质上有了质的突破。变化二是以列举方式将原来的“严重破坏社会秩序的犯罪分子”细化为“故意杀人、强奸、放火、爆炸、投毒、抢劫等严重破坏社会秩序的犯罪分子”，这一修改破除了原来立法的笼统性和模糊性，更加有利于罪刑法定原则在剥夺政治权利适用中的实现，同时也表明剥夺政治权利的重心转移到具体的犯罪上来。同时，随着 1982 年宪法的颁布，新刑法典中剥夺政治权利的剥夺内容随之更新，由原来的剥夺《宪法》第 45 条规定的各种权利（1978 年《宪法》第 45 条规定：公民有言论、通信、出版、集会、结社、游行、示

① 参见马克昌主编：《刑罚通论》，武汉大学出版社 1999 年版，第 227 页。

威、罢工的自由，有运用“大鸣、大放、大辩论、大字报”的权利）变为剥夺“言论、出版、集会、结社、游行、示威自由的权利”，进一步限制了剥夺政治权利的范围，剔除了不符合时代要求的内容。此外，分则中，1997 年刑法废除了 1979 年刑法分则中有关反革命的犯罪以及对其单处剥夺政治权利的规定，此后剥夺政治权利主要适用于危害国家安全罪、危害公共安全罪、侵犯公民人身权利、民主权利罪、妨碍社会管理秩序罪以及危害国防利益罪等章中的犯罪，强化了剥夺政治权利作为一般刑事犯罪制裁措施的性质。1997 年《刑法典》颁布之后，剥夺政治权利走向了新的发展阶段。

1997 年《刑法典》颁布之后 20 年，为应对不断变化的新环境和新形势，剥夺政治权利在适用范围、适用期限，执行规则等多方面都进行了调整。这些调整主要包括：

第一，适用范围的变化。剥夺政治权利的适用范围包括附加适用的范围和独立适用的范围，前者由总则规定，后者由分则规定，两个范围均有一定的变化。根据 1997 年《刑法》第 56 条、第 57 条的规定，剥夺政治权利附加适用的范围包括：危害国家安全的犯罪分子；故意杀人、强奸、放火、爆炸、投毒、抢劫等严重破坏社会秩序的犯罪分子；判处死刑、无期徒刑的犯罪分子。对于危害国家安全的犯罪分子是指刑法分则第一章危害国家安全罪中规定的所有犯罪，范围明确；被判处死刑、无期徒刑的犯罪分子也能够由刑法分则和具体审判予以确认，也不存在疑问。但是对于故意杀人、强奸、放火、爆炸、投毒、抢劫等严重破坏社会秩序的犯罪分子，虽然刑法以列举的方式规定了一些具体的犯罪，但是由于这里的“等”字意思模糊，实践中一些法院在面对除上述几种犯罪行为之外的其他严重破坏社会秩序的犯罪分子是否附加剥夺政治权利存在疑问。鉴于此，最高人民法院于 1997 年 12 月 31 日作出了《最高人民法院关于对故意伤害、盗窃等严重破坏社会秩序的犯罪分子能否附加剥夺政治权利问题的批复》（以下简称《批复》），指出：根据《刑法》第 56 条规定，对于故意杀人、强奸、放火、爆炸、投毒、抢劫等严重破坏社会秩序的犯罪分子，可以附加剥夺政治权利。对故意伤害、盗窃等其他严重破坏社会秩序的犯罪，犯罪分子主观恶性较深、犯罪情节恶劣、罪行严重的，也可以依法剥夺政治权利。该《批复》肯定了对其他严重破坏社会秩序的犯罪分子附加适用剥夺政治权利的可能性，将“等”字理解为“省略”的意思而不是句末语气词，剥夺政治权利附加适用范围得以扩大。

剥夺政治权利单处的范围则经过了三个修正案的调整，最终形成了现在的规定。这些调整既有增加又有删除，主要包括：《刑法修正案（三）》对组织、领导、参加恐怖组织罪中“其他参加的”增加了可以单处剥夺政治权利刑的规定，同时增设帮助恐怖活动罪，规定可以单处剥夺政治权利刑。《刑法修正案（八）》在提高国家机关工作人员包庇黑社会性质的组织犯罪的法定刑时，删除了剥夺政治权利的规定。《刑法修正案（九）》在增设准备实施恐怖活动罪、宣扬恐怖主义、极端主义、 煽动实施恐怖活动罪的同时规定了对两罪的一般情节可以单处剥夺政治权利刑。同时《刑法修正案（九）》还在组织、利用会道门、邪教组织、利用迷信破坏法律实施罪“情节较轻”中规定了可以单处剥夺政治权利刑。剥夺政治权利刑单处适用范围进一步扩大。

第二，适用期限的变化。根据 1997 年刑法的规定，剥夺政治权利的期限分为几种情形：附加或单处剥夺政治权利的一般期限为 1 年以上 5 年以下；管制附加剥夺政治权利的期限与管制期限相同；死刑、无期徒刑附加剥夺政治权利的期限为终身；死刑缓期执行减为有期徒刑或者无期徒刑减为有期徒刑的，附加剥夺政治权利的期限为 3 年以上 10 年以下。2016 年 11 月 14 日，最高人民法院公布了《最高人民法院关于办理减刑、假释案件具体应用法律的规定》（以下简称《规定》），其中第 17 条规定：被判处有期徒刑的罪犯减刑时，对附加剥夺政治权利的期限可以酌减。酌减后剥夺政治权利的期限，不得少于 1 年。被判处死刑缓期执行、无期徒刑的罪犯减为有期徒刑时，应当将附加剥夺政治权利的期限减为 7 年以上 10 年以下，经过一次或者几次减刑后，最终剥夺政治权利的期限不得少于 3 年。该《规定》虽然没有突破刑法总则中剥夺政治权利刑期上下限的规定，但是却局部调整了剥夺政治权利期限的适用。有两个方面的体现：一是肯定了减刑规则在剥夺政治权利中的适用。由于刑法总则中的减刑制度是针对自由刑的规定，剥夺政治权利无法据此减刑。而上述《规定》施行之后，有期徒刑减刑时，附加剥夺的政治权利也可以酌定减刑，能够更好地激励犯罪分子的改造。二是进一步缩限了死刑缓期执行、无期徒刑减为有期徒刑时附加剥夺政治权利的减刑幅度。根据刑法原来的规定，死刑缓期执行减为有期徒刑或者无期徒刑减为有期徒刑的，附加剥夺政治权利的期限为 3 年以上 10 年以下，法院可以在 3 年到 10 年之间任选一个期限，但是上述《规定》实施之后，剥夺政治权利首次减刑一般应当在 7 年到 10 年之间选择一个期限，这无疑是对死缓、无期徒刑减刑中剥夺政治权利减刑进行了限制。根据该《规定》，需要经过多次减刑，剥夺政治权利的期限才能降低到最低的 3 年，相比原来直接就可以减改为 3 年的规定，该《规定》增加了死缓、无期徒刑减为有期徒刑中剥夺政治权利减刑的难度。

第三，具体执行规则的变化。由于《刑法》第 65 条、66 条以及 71 条中“刑罚执行完毕”的规定不甚明确，导致许多法院在处理主刑执行完毕，附加剥夺政治权利期间又犯新罪时，是根据《刑法》第 65 条、66 条按照累犯处理还是按照第 71 条进行数罪并罚存在疑问。为了统一司法实践，最高人民法院于 2008 年 5 月 25 日公布了《最高人民法院关于在执行附加刑剥夺政治权利期间犯新罪应如何处理的批复》（以下简称《批复》），对上述问题做了回答。《批复》将在剥夺政治权利期间又犯新罪的处理分为两种情形：一种是新罪无须剥夺政治权利的，按照《刑法》第 71 条“先减后并”原则进行数罪并罚，尚未执行完毕的剥夺政治权利刑期自新罪主刑执行之日停止计算，新罪主刑执行完毕之后继续计算，剥夺政治权利效力施用于新罪主刑期间；另一种是新罪需要剥夺政治权利的，则需要按照《刑法》第 71 条“先减后并”原则，并遵循《刑法》第 55 条“限制加重”原则以及第 57 条“吸收”原则进行数罪并罚。但无论是哪一种情形，附加剥夺政治权利期间又犯新罪的都不成立累犯，确认了《刑法》第 65 条、66 条以及 71 条中“刑罚执行完毕”中“刑罚”既包括主刑也包括附加刑。

剥夺政治权在新刑法中性质和地位的转变以及此后 20 年在适用范围、适用期限以及具体执行规则的变化表明剥夺政治权利刑在我国刑罚体系中的地位的提升。

第二节　我国剥夺政治权刑存在的问题

目前我国剥夺政治权利刑在适用范围、刑期以及执行中都存在与宽严相济刑事政策基本精神和基本要求不相符合的地方，影响了宽严相济刑事政策在剥夺政治权利刑中的贯彻。完善我国剥夺政治权利刑首先需要对这些问题进行梳理并分析原因。

一、我国剥夺政治权利刑适用范围存在的问题

我国剥夺政治权利的适用范围包括单独剥夺政治权利的适用范围和附加剥夺政治权利的适用范围。单独剥夺政治权利的适用范围由刑法分则规定，范围明确，目前我国刑法分则中可以单独剥夺政治权利的犯罪有 38 个。附加剥夺政治权利的范围由刑法总则规定，附加剥夺政治权利的适用范围又分为应当附加剥夺政治权利的适用范围和可以附加剥夺政治权利的适用范围。根据《刑法总则》第 56 条和 57 条的规定，应当附加剥夺政治权利的适用范围包括实施危害国家安全的犯罪分子以及被判处死刑、无期徒刑的犯罪分子，范围也是明确的。根据《刑法》第 56 条规定，可以附加剥夺政治权利的适用范围为“故意杀人、强奸、放火、爆炸、投毒、抢劫等严重破坏社会秩序的犯罪分子”。由于司法机关在适用本条规定时，对这里的“等”是表示列举还是句末煞尾词的理解存在疑问，1997 年最高人民法院作出了《最高人民法院关于对故意伤害、盗窃等严重破坏社会秩序的犯罪分子能否附加剥夺政治权利问题的批复》，指出除《刑法》第 56 条明确列出的犯罪之外，对故意伤害、盗窃等其他严重破坏社会秩序的犯罪，犯罪分子主观恶性较深、犯罪情节恶劣、罪行严重的，也可以依法剥夺政治权利。该批复明确了《刑法》第 56 条中的“等”字的含义为列举之意。但是这并没有使可以剥夺政治权利的适用范围得以明确，因为第 56 条中还存在一个模糊之处，即严重破坏社会秩序中“严重”是什么？对“严重”一词的不同理解将直接影响可以附加剥夺政治权利的适用范围大小。但遗憾的是目前无论是立法还是司法解释都没有对“严重”一词进行解释，因此我国可以剥夺政治权利的适用范围是模糊的。

由于缺乏明确的适用标准，司法实践中可以剥夺政治权利的适用极为不统一。出现了诸多“宽严”不一致的情形，比如一些罪行相对较轻的犯罪分子被剥夺了政治权利，而一些罪行相对较重的犯罪分子却没有被剥夺政治权利；一审法院与二审法院对同一个犯罪分子剥夺政治权利判决差异大，违背宽严相济刑事政策的基本精神。试举几例予以说明。

导论中案例 3 和案例 4 都是故意杀人罪案件，案例 3 中四个被告人均是聋哑人，属于酌定从轻处罚犯罪主体，从案情可知，四名被告人对被害人的死亡结果持间接故意的心态；案件 4 中四被告人均不是特殊身份犯罪主体，从案情可以看出，四名被告人对被害人的死亡结果持直接故意的心态。对比可知，案

例 3 中被告人的人身危险性和罪行严重程度比案例 4 中被告人的人身危险性和罪行严重程度轻。法院在判处主刑时，注意到了两案中罪行严重程度的差别。案例 3 中被告人主刑整体上比案例 4 中被告人主刑轻。但是法院在判处剥夺政治权利时却没有注重两案严重程度的差别。严重程度较轻的案件 3 中所有被告人都并处了剥夺政治权利，而严重程度较重的案件 4 中，只有被告人杨某因被判处无期徒刑必须并处剥夺政治权利外，其他三名被告均没有被判处剥夺政治权利。特别是案例 3 中有三个被告主刑分别是有期徒刑 7 年、有期徒刑 5 年、有期徒刑 5 年，而案例 4 中有两个被告主刑分别是 10 年、有期徒刑 8 年，法院对前三个主刑相对较轻的被告人都并处了剥夺政治权利，而对后两个主刑相对较重的被告人却没有并处剥夺政治权利。两案中剥夺政治权利的适用与两案中犯罪分子的人身危险性和罪行严重程度不成对应关系，没有实现剥夺政治权利刑的“宽严统一”和“宽严相济”，违背了宽严相济刑事政策的基本精神。

【案例 1】被告人张某作为居间人联系被告人朱某与买家进行毒品交易并从中赚取差价，涉案毒品甲基苯丙胺数量达 1993.8 克。一审法院审理以贩卖毒品罪判决张某有期徒刑 13 年，并处罚金 5 万元。张某认为一审法院量刑过重提出上诉。二审法院对张某的部分主张表示支持，认为一审法院对张某的量刑偏重，遂撤销原判决中张某的量刑部分，改判张某有期徒刑 10 年，剥夺政治权利 5 年，并处罚金 2 万元。

本案中一审法院和二审法院对被告人张某剥夺政治权利的判决差异巨大。从一审法院和二审法院对张某的整体量刑来看，一审法院认定的张某的罪行更加严重，二审法院认定的张某的罪行相对轻些。但是认为张某罪行更重的一审法院并不认为张某有剥夺政治权利的必要，而认为张某罪行更轻的二审法院却认为张某有剥夺政治权利的必要，一审、二审法院在张某剥夺政治权利裁量中采纳的是什么标准令人费解。既然二审法院认为一审法院对张某的量刑过重，那么就应当对张某从轻量刑，从二审法院对张某判决的主刑和罚金来看，确实能够体现二审法院从轻量刑的态度，但是二审法院又对张某增加了一审法院没有判决的剥夺政治权利刑，很难说这部分量刑是从轻量刑，有违背上诉不加刑原则之嫌。二审法院对于为什么增加剥夺政治权利的判决没有进行说明，无法知晓其判处剥夺政治权利的标准。另外，二审法院对张某并处剥夺政治权利 5

年的判决更是存在疑问，即使客观上对被告人真有必要剥夺政治权利，被告人主刑为 10 年有期徒刑，而二审法院直接判处张某顶格刑期的剥夺政治权利，显得过于严厉。总之，本案中剥夺政治权利适用出现了认定的罪行较重时没有适用剥夺政治权利刑，认定的罪行较轻时反而适用了剥夺政治权利刑的“宽严倒挂”现象，绝不是宽严相济刑事政策基本精神的体现。

从案例中剥夺政治权利的司法适用情况可以看出，由于缺乏明确的适用标准，可以剥夺政治权利的适用范围十分不统一，“宽严”不一致，甚至“宽严倒挂”现象常有发生，严重影响了剥夺政治权利刑中宽严相济刑事政策的贯彻实现。

二、我国剥夺政治权利刑刑期存在的问题

根据《刑法》第 55 条、57 条的规定，除了管制、无期徒刑、死刑附加剥夺政治权利外，一般情形下附加剥夺政治权利的刑期为 1 年以上 5 年以下。但是刑法没有对其进行细致的量刑幅度划分，导致司法实践中剥夺政治权利刑期裁量十分不统一，出现了诸多“宽严”不统一的现象，比如一些严重程度较轻的案件附加剥夺的政治权利刑期长，而一些严重程度较重的案件附加剥夺政治权利的刑期短；同一个案件中，不同罪行严重程度的被告人附加剥夺政治权利的刑期相同。这些现象严重阻碍了剥夺政治权利刑中宽严相济刑事政策的贯彻实现。试举几例予以说明。

【案例 2】被告人殷某，2015 年 1 月 22 日将 23.75 克甲基苯丙胺卖给陈某，收取毒资人民币 3000 元。法院审理认为殷某的行为构成贩卖毒品罪，判决其有期徒刑 10 年，剥夺政治权利 5 年，罚金 1 万元。

【案例 3】被告人张某，2013 年 5 月 9 日将 371.08 克甲基苯丙胺片剂卖给王某。法院审理认为张某的行为构成贩卖毒品罪，判决其有期徒刑 15 年，剥夺政治权利 1 年，罚金 1 万元。

案例 2 和案例 3 中，被告人殷某、张某的行为均构成贩卖毒品罪，殷某贩

卖的毒品数量比张某贩卖的毒品数量少，殷某的罪行要比张某的罪行轻。法院对两被告判处的主刑体现出了两被告人罪行严重程度的差别。但是法院在附加剥夺政治权利的刑期裁量上，对于罪行相对较轻的殷某，法院判处了顶格刑期的剥夺政治权利，而对于罪行相对更重的张某，法院却判处了最低刑期的剥夺政治权利。两案中剥夺政治权利的刑期与两被告人罪行的严厉程度不相适应，没有体现出“宽严一致”“宽严相济”的基本要求。

【案例 4】被告人曲某、吴某为贩卖毒品罪共犯，根据被告人的犯罪情节，法院判处曲谋有期徒刑 15 年，剥夺政治权利 5 年，没收个人财产 10 万元；判处王某有期徒刑 10 年，剥夺政治权利 5 年，罚金 5 万元。

本案中，从两个被告人整体量刑可以看出，被告人曲某的罪行显然要比被告人王某的罪行严重，法院在裁量两被告人主刑刑期和财产刑种类和数额时充分体现了两名被告罪行严重程度的差别。但是在裁量剥夺政治权利刑期时，没有对两名被告人的罪行进行严重程度的区分，对罪行严重程度不同的两名被告人判处了相同刑期的剥夺政治权利刑。法院对两名被告人剥夺政治权利刑期的裁量没有遵循宽严相济刑事政策的基本精神。

通过这三个案例可以看出，由于缺乏细致的量刑档次划分，司法实践中剥夺政治权利刑期裁量十分不统一，违背宽严相济刑事政策基本要求和精神。

三、我国剥夺政治权利执行存在的问题

为了保障剥夺政治权利刑的顺利执行，有关部门制定了诸多监督管理措施，以便执行机关能够及时全面地掌握被剥夺政治权利的犯罪分子遵守不得行使《刑法》第 54 条规定的各项权利的情况。但是有些部门制定的监管措施的内容和严厉程度远远超出了剥夺政治权利刑本身的内容和严厉程度，不当增加了犯罪分子的负担，甚至侵犯了其合法权益，违背宽严相济刑事政策的基本精神。

最典型的表现是被剥夺政治权利的犯罪分子曾经被纳入社区矫正的适用范围，与管制、缓刑、假释和监外执行犯罪分子适用相同的监管措施。以湖北省为例，为了加强对在社会上服刑的被剥夺政治权利的犯罪分子的监督管理，保

障剥夺政治权利刑的顺利执行，2007年湖北省高级人民法院、湖北省人民检察院、湖北省公安厅、湖北省司法厅联合发布了《关于对管制、剥夺政治权利、缓刑、假释、暂予监外执行罪犯监督管理的规定（试行）》的通知。根据该通知的规定，被剥夺政治权利的犯罪分子与被判处管制、宣告缓刑、假释以及监外执行的犯罪分子都被纳入社区矫正范围，遵守相同的监管规定。这些监管规定主要包括：第一，被剥夺政治权利的罪犯应当每月向公安机关和社区矫正机构书面汇报思想情况，汇报内容包括认罪、守法、思想改造、社会往来、日常生活及完成学习教育、公益劳动等任务的情况；第二，被剥夺政治权利的罪犯迁居需要经过有关部门批准；第三，被剥夺政治权利的罪犯确因治病、探亲等特殊情况需要离开居住区域的，应当经公安机关批准，取得外出证明。观察这些规定可以发现，这些监管规定多数内容实际上与刑法和刑事诉讼法规定的管制、缓刑、假释以及监外执行中犯罪分子应当遵守的义务内容相同。让被剥夺政治权利的犯罪分子遵守这些监督管理规定，实际上就是让被剥夺政治权利的犯罪分子在承担剥夺政治权利的刑事义务之外，另外承担了管制、缓刑、假释和监外执行的刑事义务。[①] 剥夺政治权利作为资格刑主要是通过限制犯罪分子实施相关政治权利的资格，以防止犯罪分子利用相关政治权利实施犯罪，实现犯罪预防的目的。上述监管措施不仅与犯罪分子政治权利实施与否没有直接的联系，而且在各个方面限制了犯罪分子的合法权益，比如要求犯罪分子参加公益劳动，变相地对犯罪分子增加了处罚，再比如要求犯罪分子离开所居住的县市或者迁居需要得到批准，这无疑是限制了犯罪分子的人身自由。[②] 随着这些问题的暴露，立法者也逐渐意识到将被剥夺政治权利的犯罪分子纳入社区矫正范围是不合适的，因此《刑法修正案（八）》中社区矫正的规定排除了被剥夺政治权利的犯罪分子。

虽然刑法修正案没有将被剥夺政治权利的犯罪分子纳入社区矫正中去，但是由于执行机关长期对被剥夺政治权利的犯罪分子与被判处管制、宣告缓刑、被假释和予以监外执行的犯罪分子采取相同的监管措施，这些措施的惯性是不可忽视的。在《刑法修正案（八）》颁布之后，仍然有一些实践部门将被剥夺政

① 杨征军、张景荪：《剥夺政治权利执行难问题探讨》，《北京政法职业学院学报》2005年第2期。

② 参见崔进文：《被剥夺政治权利的社区矫正对象之监管》，《中国检察官》2007年第6期。

治权利的犯罪分子纳入社区矫正中。[①] 还有一些实践部门虽然名义上没有将被剥夺政治权利的犯罪分子纳入社区矫正范围，实际上还是对被剥夺政治权利的犯罪分子采取了部分原来属于社区矫正的措施，比如犯罪分子变更居住需要提出申请，由公安机关批准。[②] 而且由于在刑法修改之后诸多地区并没出台相应的对被剥夺政治权利的犯罪分子的执行办法和措施，剥夺政治权利的执行也极易走上原来的老路。因此完善剥夺政治权利的执行措施势在必行。

第三节　我国剥夺政治权利刑之完善

鉴于我国剥夺政治权利刑存在的问题，我国剥夺政治权利刑至少可以从适用范围、刑期以及执行三个方面加以完善。

一、我国剥夺政治权利刑适用范围之完善

如前所述，由于《刑法》第 56 条规定中“严重”一词含义模糊，导致剥夺政治权利司法适用不一致，影响宽严相济刑事政策的实现。为了统一剥夺政治权利刑的司法适用，需要明确“严重”一词的含义。

目前有关司法解释、实务界和理论界对《刑法》第 56 条中“严重”一词的理解有三种，第一种理解认为“严重”是指犯罪性质严重，司法实践中对于凡是实施了故意杀人罪的犯罪分子都判处剥夺政治权利的做法就是在这种理解下做出的。从笔者查阅的大量剥夺政治权利适用案件来看，司法实践中将“严重”的破坏社会秩序的犯罪理解为性质严重的破坏社会秩序的犯罪的司法人员大有人在。第二种理解认为“严重”是指犯罪分子罪行严重，这种理解是目前

① 参见张劲、朱国勤:《剥夺政治权利罪犯监外执行需规范》,《检察日报》2015 年 9 月 11 日。
② 参见张莹寅、朱孟超、周萍:《剥夺政治权利罪犯监外执行需规范》,《江苏法制报》2015 年 9 月 1 日。

司法解释的立场。根据2007年最高人民法院做出的相关司法解释，对于盗窃罪等，犯罪分子主观恶性深、犯罪情节恶劣、罪行严重的可以附加剥夺政治权利，而盗窃罪在性质上并不如故意杀人、强奸、抢劫罪等严重，因此司法解释并不认为《刑法》第56条中的“严重”一词是指犯罪性质严重。该司法解释认为只有犯罪主客观方面都达到严重程度时才可以适用剥夺政治权利，实际上就是对“严重”一词做了罪行严重的理解。第三种理解认为“严重”不仅是指性质严重，还指具体犯罪中犯罪人的罪行严重。[①] 司法实践中对共同犯罪的犯罪分子中主刑刑期较长的并处剥夺政治权利，对主刑刑期较短的没有并处剥夺政治权利的做法就是在这种理解下做出的。

三种理解中哪一种理解更合理呢？本书认为，第二种理解更为合适。第一种理解认为只要是性质严重的犯罪就可以剥夺政治权利，但是性质严重的犯罪中也有情节轻微的情形，不区分情节轻重一概判处犯罪分子剥夺政治权利的做法违背宽严相济刑事政策“该宽则宽，该严则严”的区别对待的精神。第三种理解实际上就是认为在性质严重的犯罪中还需要区分罪行严重程度，只有性质严重的犯罪中罪行严重的才属于可以附加剥夺政治权利的犯罪。但是这里存在的一个问题是，哪些犯罪属于性质严重的犯罪呢？在一般人看来，凡是行为构成犯罪，该行为的性质必然严重，那么所有的犯罪都可以附加剥夺政治权利了，这与没有性质严重这个限制条件无区别。如果要对刑法规定的犯罪内部进行性质轻重的区分也是存在困难的，除了少部分犯罪为公认的性质严重的犯罪外，比如故意杀人、强奸等，对于很多犯罪的性质是否严重都是“仁者见仁，智者见智”。而且有些犯罪如果不放在具体的情形中去考察，难以判断其性质的严重程度，以盗窃罪与故意杀人罪为例，就盗窃罪本身而言，性质并不及故意杀人罪的性质严重，但是如果犯罪分子盗窃生病的孤寡老人的钱财导致老人得不到治疗死亡的情形与妻子为了保护自己和孩子而将长期实施家庭暴力的丈夫杀死的情形相比，恐怕很难说前者的性质就一定比后者的性质轻。因此，对犯罪性质进行轻重判断操作性不强，还可能进一步引发更多的理解分歧，导致司法适用的不统一。相比之下，第二种理解更为合适。第二种理解只从具体犯罪的罪行严重程度来考虑剥夺政治权利的适用具有两个优点。第一个优点是，这种理

① 参见吴平：《“可以附加剥夺政治权利”的范围剖析》，《杭州商学院学报》2003年第1期；孟庆华：《剥夺政治权利的适用范围若干问题探讨》，《信阳师范学院学报（哲学社会科学版）》2009年第3期。

解对犯罪进行了轻重的区分，避免了第一种理解不区分轻重的弊端。第二个优点是，这种理解下的适用标准具有可操作性。分则中各个犯罪的法定刑就是该罪严重程度的标志，以分则规定的法定刑为适用标准可以将不同性质的犯罪中剥夺政治权利的适用标准统一起来。另外，刑法分则在设置具体犯罪的法定刑时，其实也对犯罪的性质予以了考虑，比如犯罪类型相同的过失犯罪与故意犯罪中，过失犯罪造成的损害后果要比故意犯罪造成的损害后果严重，但是两者的法定刑却是一样的，这就是考虑了过失犯罪的性质比故意犯罪的性质轻的结果。因此，本书认为将《刑法》第 56 条中“严重”一词理解为具体犯罪的罪行严重是合适的。

那么，哪些犯罪才属于罪行严重的犯罪呢？有学者提出主刑为 10 年有期徒刑以上的犯罪才属于严重的犯罪。[①] 对此，笔者表示赞同。其实 1997 年刑法草案中曾经采纳过这种标准[②]，但是最终没有被立法所接受。之所以以 10 年有期徒刑为界限，主要理由有：第一，我国刑法分则中诸多犯罪中最严重情节的法定刑为 10 年有期徒刑以上刑罚。第二，10 年有期徒刑是我国刑法分则中故意犯罪与过失犯罪法定刑的分界点，我国刑法中过失犯罪最高法定刑不超过 10 年有期徒刑。过失犯罪无论是从性质还是从严重程度来讲，都不宜划归为“严重”的犯罪。第三，没收财产刑作为严厉的财产刑主要适用于严重的犯罪，根据本书设想没收财产刑的适用范围为主刑为 10 年有期徒刑以上刑罚的犯罪，因此剥夺政治权利的适用范围可以以此为参照。

综上，笔者认为可以将可以剥夺政治权利的适用范围明确限制在主刑为 10 年有期徒刑以上刑罚的犯罪中，以便统一剥夺政治权利的司法适用，保证宽严相济刑事政策的实现。

二、我国剥夺政治权利刑刑期之完善

由于目前刑法对剥夺政治权利的刑期没有进行细致的量刑档次划分，导致

① 参见吴平：《“可以附加剥夺政治权利”的范围剖析》，《杭州商学院学报》2003 年第 1 期；孟庆华：《剥夺政治权利的适用范围若干问题探讨》，《信阳师范学院学报（哲学社会科学版）》2009 年第 3 期。

② 参见高铭暄、赵秉志编：《新中国刑法立法文献资料总览》，中国人民公安大学出版社 1998 年版，第 155 页。

剥夺政治权利刑期司法裁量随意性大，难以实现“宽严相济”，因此需要进一步对剥夺政治权利的刑期进行档次细化，以求量刑精细。

根据笔者的设想，除了管制、无期徒刑、死刑附加剥夺政治权利的情形外，附加剥夺政治权利的适用范围为主刑为 10 年以上有期徒刑的情形，那么实际上附加剥夺政治权利的适用范围就是主刑为 10 年以上 15 年以下有期徒刑的情形。细化附加剥夺政治权利的量刑档次就需要将 1 年以上 5 年以下的剥夺政治权利刑期幅度与 10 年以上 15 年以下有期徒刑的主刑刑期幅度对应起来，并且进行细化。观察可发现，有期徒刑 10 年至有期徒刑 15 年之间刚好可以划分为五个刑期幅度，分别是 10 年以上 11 年以下有期徒刑，11 年以上 12 年以下有期徒刑，12 年以上 13 年以下有期徒刑，13 年以上 14 年以下有期徒刑，14 年以上 15 年有期徒刑五个刑期幅度；而 1 年以上 5 年以下剥夺政治权利刑期也可以划分为五个刑期幅度，分别是剥夺政治权利 1 年，剥夺政治权利 2 年，剥夺政治权利 3 年，剥夺政治权利 4 年，剥夺政治权利 5 年五个刑期幅度。可以将五个有期徒刑刑期幅度与五个剥夺政治权利刑期幅度一一对应起来，实现剥夺政治权利量刑的精细化。具体而言，可以进行以下操作，主刑为 10 年有期徒刑时，剥夺政治权利刑期为 1 年；主刑为 11 年有期徒刑时，剥夺政治权利刑期一般为 1 年，如果犯罪分子人身危险性较大，可以剥夺政治权利 2 年；主刑为有期徒刑 12 年时，剥夺政治权利刑期一般为 2 年，如果犯罪分子人身危险性较大，可以剥夺政治权利 3 年；主刑为 13 年有期徒刑时，剥夺政治权利刑期一般为 3 年，如果犯罪分子人身危险性较大，可以剥夺政治权利 4 年；主刑为 14 年有期徒刑时，剥夺政治权利刑期一般为 4 年，如果犯罪分子人身危险性较大，可以剥夺政治权利 5 年；主刑为 15 年有期徒刑时，剥夺政治权利刑期为 5 年。这样，每个具体刑期的主刑都对应具体刑期的剥夺政治权利，同时又兼顾了犯罪分子不同程度的人身危险性，基本可以在剥夺政治权利刑期裁量中遵守罪责刑相适应原则和宽严相济刑事政策的基本要求。

三、我国剥夺政治权利刑执行措施之完善

（一）明确剥夺政治权利执行的重点

根据《刑法》第 54 条以及第 58 条的规定，被剥夺政治权利的犯罪分子需

要履行两方面的义务：一是不得行使选举权和被选举权；言论、出版、集会、结社、游行、示威自由的权利；担任国家机关职务的权利；担任国有公司、企业、事业单位和人民团体领导职务的权利等各项权利；二是需要遵守法律、行政法规和国务院公安部门有关监督管理的规定，服从监督。从履行义务的方式来看，前一种义务只要犯罪分子消极不作为即可实现，因此可以说是不作为义务；后一种义务需要犯罪分子主动接受有关机关的监督管理，其间伴随着申请、报告等义务，因此属于作为义务。虽然执行机关需要督促被剥夺政治权利的犯罪分子遵守两方面的义务，但是也并非意味着执行机关没有执行重点。剥夺政治权利的主要目的是预防犯罪分子利用相关政治权利实施犯罪，因此政治权利执行的重点应当是禁止犯罪分子行使被剥夺的政治权利。但是司法实践中反映出来的现状是诸多执行机关将大部分精力放在了对犯罪分子的监管上，比如犯罪分子外出是否及时向执行机关汇报，是否按时到执行机关汇报近期思想改造状况等。导致这种现状的原因与遵守剥夺政治权利两方面义务的难易程度有很大的关系。剥夺政治权利中不作为义务只需要犯罪分子消极不作为即可实现，无需占用犯罪分子的体力、脑力甚至财力，因此遵守起来较为容易；而剥夺政治权利作为义务需要犯罪分子定期向执行机关汇报思想，外出时还需要执行机关批准，这些管理和改造活动具有惩罚性质①，不仅需要耗费犯罪分子的时间、精力、财力等，还在一定程度使犯罪分子的行动自由受到约束和限制，给犯罪分子造成的负担要比不作为义务造成的负担大，因此要犯罪分子积极遵守作为义务的难度更大。故而执行机关常常将精力放在督促犯罪分子履行积极作为义务上。剥夺政治权利不作为义务与作为义务的难易程度与两种义务的重要程度形成倒挂现象，也使执行部门执行重点出现偏差，这种现状需要得到扭转。一方面，为了充分发挥剥夺政治权利预防犯罪的功能，需要以禁止犯罪分子行使相关政治权利为重点执行内容；另一方面，需要对剥夺政治权利的作为义务采取更加宽松的执行措施，以促使犯罪分子积极遵守剥夺政治权利的作为义务，减轻执行机关在督促犯罪分子履行积极作为义务方面的工作负担，使其有更多的精力用于重点执行内容上。

---

① 参见吴宗宪主编：《中国刑罚改革论（下册）》，北京师范大学出版社 2011 年版，第 513 页。

（二）多种执行措施并举

对于在不同场所执行剥夺政治权利的犯罪分子，可以采取不同的执行方式。

在监狱中服刑的犯罪分子是最容易执行的一类剥夺政治权利人员，由于犯罪分子人身自由遭受限制，因此基本上所有的政治权利在事实上都无法实现，因此严密的监规便可以实现对犯罪分子政治权利的剥夺。

司法实践反映出最难执行的一类剥夺政治权利人员是在社会上服刑的剥夺政治权利犯罪分子。这些犯罪分子又可以分为在社区内服刑的犯罪分子和在社区外服刑的犯罪分子。

执行社区内服刑人员的剥夺政治权利，可以请求基层群众自治组织的协助。基层群众自治组织的主要任务之一就是协助维护社会治安，因此基层群众自治组织也有职责协助执行部门执行剥夺政治权利。基层群众自治组织包括村民委员会和居民委员会，它们是与剥夺政治权利人员距离最近的组织，对于剥夺政治权利人员的动态包括其遵纪守法的情况以及是否行使相关政治权利的情况都较了解，最能及时发现服刑人员是否存在违法行为或者行使力禁止行使的政治权利情况。因此，基层群众自治组织是协助执行剥夺政治权利的最佳选择。在执行部门的委托下，基层群众自治组织在发现犯罪分子将要或者正在实施违法犯罪行为或者行使禁止行使的政治权利时，应当予以阻止，并且将有关情况报告给执行部门，以便执行部门采取相应措施保障剥夺政治权利的执行。

对于不在社区内的剥夺政治权利人员，需要创新剥夺政治权利执行方式。剥夺政治权利执行中的问题之一是犯罪分子接受监督情况不理想。导致这种状况的原因可能是亲自报到方式耗时耗力，犯罪分子难以接受。由于剥夺政治权利并不限制犯罪分子的人身自由，在市场经济环境下，犯罪分子也可能需要外出到别的城市、省份甚至国家挣钱养家，这种情形下要求犯罪分子每月亲自履行到有关部门报道等义务是极为不经济的。如果犯罪分子遵守报道义务，就必须离开其工作岗位，需要请假、辞职甚至旷工、被辞退等，这样虽然监督犯罪分子的工作完成了，但是造成了犯罪分子收入减少甚至失业，会导致新的社会问题，不利于犯罪分子的改造。可见，亲自报道义务会使犯罪分子陷入两难的境地。其实，对剥夺政治权利的犯罪分子进行监督的主要目的是监督其遵守法律法规的情况，在电子通信技术如此发达的今天，完全可以通过多种途径实现。比如可以定期通过视频与犯罪分子谈话，了解其生活、工作状况；对于犯罪分子遵守法律法规的情况，可以让犯罪分子找其工作的单位出具遵纪守法的情况证明，通过电子邮箱发送给监督部门即可，不必要求犯罪分子亲自到有关机关报到。因此，对被剥夺政治权利的犯罪分子的监督方式完全可以更加智能化和远程化。此外，虽然接受监督是犯罪分子的义务，但是监督犯罪分子也是有关机关的职责，如果犯罪分子因为某种原因没有按时向有关机关报到，有关机关应当积极主动联系犯罪分子，了解其遵纪守法的情况。

对不同类型的服刑人员采取不同的执行策略和措施，并且将多种措施有机结合起来，相信剥夺政治权利的执行状况会有所好转。

（三）构建执行保障制度

根据我国刑法规定，对于违背剥夺政治权利义务的行为目前只能通过拒不执行判决裁定罪的有关规定来处理。但是拒不执行判决裁定罪中情节需要达到严重的程度，对于没有达到严重程度但是又妨碍剥夺政治权利执行的行为则无法用该罪名进行惩罚。法律保障制度的单一性导致部分违反剥夺政治权利义务的行为无法得到有效制止，影响剥夺政治权利的顺利执行。实践部门普遍认为剥夺政治权利执行效果差主要原因之一是立法上缺乏对违反相关义务的惩处措施，执行机关面对没有达到严重程度的违反剥夺政治权利义务的行为除了予以警告之外，别无他法。对此，学界提出诸多建议，比如对于未经批准外出或者超期在外地停留的犯罪分子，外出期间不计入剥夺政治权利执行期间[①]，还有人提出延长原来判决、增加禁止令等。[②]这些建议具有一定的合理性，但是还不够全面。对于违反剥夺政治权利义务的行为需要进行种类和程度的划分，根据不同类别的义务违反和相应程度设置不同的应对措施。剥夺政治权利的义务分为积极的作为义务和消极的不作为义务，后者是剥夺政治权利的重点内容。对于违反积极的作为义务的行为，如果是初次或者偶然行为，应当给予犯罪分子澄清原因的机会，对于故意违法义务的予以警告，对于过失违反的予以宽容；如果犯罪分子多次违反作为义务或者违反义务情节较重的，可以对其采取罚款或者行政拘留等惩罚措施。对于违反消极的不作为义务的，行使了禁止行使的政治权利，没有造成严重后果的，可以根据情况延长剥夺政治权利执行期限或者

① 参见先泽洪：《被剥夺政治权利的监外罪犯不遵守规定应当如何处理》，《人民检察》2006 年第 20 期。
② 参见朱赟：《关于加强剥夺政治权利执行工作的若干思考——以上海市某区为视角》，《法治与社会》2012 年第 21 期。

重新计算剥夺政治权利执行期间；对于造成严重后果的理应按照拒不执行判决裁定罪的处罚，同时按照《关于在执行附加刑剥夺政治权利期间犯新罪应如何处理的批复》，暂停剥夺政治权利执行，等待拒不执行判决裁定罪的主刑执行完毕或者假释之后恢复执行，同时剥夺政治权利的效力施用于拒不执行判决裁定罪主刑执行期间。

（四）引进执行激励机制

剥夺政治权利执行状况差主要在于犯罪分子接受监督的积极性不高，因此如何提高犯罪分子接受监督的积极性是解决问题的关键。构建完备的法律保障措施，给犯罪分子外部压力，迫使其积极遵守有关义务是一条途径，但是这种情况下犯罪分子毕竟不是出于自愿，而且执行机关需要投入更多的精力到惩罚不遵守相关义务的犯罪分子中去，着实不是一个具有经济性的解决办法。让犯罪分子心甘情愿甚至积极接受监督、参与改造才是最根本的出路。采取宽松的执行措施是一条有效的途径，另一条途径是引进激励机制，对积极履行剥夺政治权利的义务犯罪分子予以奖励，以提高犯罪分子参与改造的积极性。这种激励可以从两方面来实现。

一是对积极接受改造的犯罪分子减刑。按照我国刑法目前的规定，剥夺政治权利只有在附加主刑剥夺时，因主刑减刑得以减刑，单处剥夺政治权利以及主刑执行完毕或者假释之后剥夺政治权利执行期间没有相关减刑机制。因此需要完善剥夺政治权利的减刑规定，增加单处剥夺政治权利和主刑执行完毕或者假释之后单独执行剥夺政治权利的情形下减刑的规定，从而构建完备的剥夺政治权利减刑机制。对于积极接受监督改造，遵守剥夺政治权利不作为义务的犯罪分子可以减少剥夺政治权利执行期限。

二是建立剥夺政治权利复权机制。根据目前我国刑法规定，只有被判处有期剥夺政治权利的犯罪分子在剥夺政治权利期限届满时，其被剥夺的政治权利才自动恢复。对于被终身剥夺政治权利的犯罪分子以及在剥夺政治权利执行期间的犯罪分子则没有恢复政治权利的可能性。因此需要引进剥夺政治权利复权机制，使被判处终身剥夺政治权利的犯罪分子以及剥夺政治权利执行期间的犯罪分子有恢复政治权利的可能性，以激励其积极接受改造。执行期限尚未届满就可以复权的机制在国外已经不是新鲜事物，比如德国《刑法》第 45 条规定：资格刑经过期间的一半，而且行为人可望将来不再有故意犯罪行为时，就可恢复资格。[1]我国也曾在革命战争时期有过剥夺政治权利复权的规定。我国可以重拾革命战争时期的做法和借鉴德国的做法，对于那些经过一定执行期限，认真遵守剥夺政治权利有关内容，确实没有再犯危险的犯罪分子，可以恢复其被剥夺的政治权利。如果犯罪分子积极履行剥夺政治权利刑有关义务能够得到一些实质性的好处，那么犯罪分子出于功利考虑就会选择积极遵守相关义务。因此，对表现优秀的犯罪分子适当“减刑”，或者直接恢复其政治权利，能够起到激励其积极接受监督和改造的效果。

① 参见张明楷：《外国刑法纲要》，清华大学出版社 2007 年版，第 403 页。

第五章
宽严相济刑事政策
指导下附加刑种类之扩展

前面第二、三、四章是对我国现有的附加刑种类进行的探讨。从有利于贯彻宽严相济刑事政策的角度而言，我国还可以有更多的附加刑种类。本章将从应然层面探讨一下如何对我国附加刑种类进行扩展。

第一节　扩展我国附加刑种类的必要性

贝卡里亚曾经指出，刑罚的规模应该同本国的实际状况相适应。[①] 目前我国附加刑种类还不够全面和丰富，不能充分满足贯彻宽严相济刑事政策的需求，有必要对我国附加刑种类进行扩展。

一、宽严相济刑事政策之“严”与附加刑种类的扩展

宽严相济刑事政策之“严”蕴含着打击和预防犯罪的目标追求，要求附加刑种类具有多样性。

主刑与附加刑在特性上的不同决定了主刑和附加刑适用范围的大小不同。主刑具有普遍适用性，作为主刑的刑罚方法要么可以适用于所有犯罪类型，比如自由刑几乎是所有犯罪都适用的刑罚，要么不需要区分犯罪主体的特殊性，能够适用于所有的犯罪主体，比如死刑基本可以适用于一切犯罪主体，除了极其特殊的少部分群体外。而附加刑则不具有普遍适用性，附加刑具有的特殊预防功能决定其只有在针对特定的犯罪或者犯罪分子时才能充分发挥作用，比如附加刑中的财产刑只有针对与财产有直接联系或者间接联系的犯罪时才能充分发挥特殊预防作用，附加刑中的剥夺资格刑只有针对利用某种资格进行犯罪的犯罪分子时才能发挥特殊预防的作用。可见，附加刑的适用范围极具针对性，

① 参见［意］切萨雷·贝卡里亚：《论犯罪与刑罚》，黄风译，北京大学出版社 2009 年版，第 44 页。

每一种类型的附加刑只在小部分范围内才有特殊预防价值，因此各类型的附加刑的适用范围具有局限性。不可能用一种类型的附加刑实现对所有类型犯罪的特殊预防，针对不同类型的犯罪和犯罪分子，需要设置相对应的不同类型的附加刑方能实现特殊预防。

我国的犯罪是复杂多样的，有的犯罪是以获取经济利益为目的或者侵犯他人合法财产权益或者以财产为工具，有的犯罪则是利用各种各样的资格进行的犯罪，对这些犯罪仅仅用主刑进行威慑还不够，还需要对其适用附加刑，方能实现特殊预防的目的。而要实现对这些犯罪的特殊预防，首先需要与之相对应的附加刑种类。但是目前我国附加刑仅包含财产刑与资格刑两种类型的刑罚，而且资格刑项下仅剥夺政治权利一种刑种，难以满足当前犯罪打击和预防的需求。在复杂的犯罪形势下，我国应当形成包括财产刑、资格刑、荣誉刑等多种刑罚种类在内的附加刑体系，才能实现宽严相济刑事政策打击犯罪的价值目标。可见，宽严相济刑事政策之“严”要求对我国附加刑种类进行扩展。

二、宽严相济刑事政策之“宽”与附加刑种类的扩展

诸多刑法教科书在论述我国刑罚体系时，都会使用“宽严相济”一词。理由在于我国刑罚体系中的刑种分为主刑与附加刑两种轻重不同的刑罚种类；主刑与附加刑内部也有轻重区分，可以适用于不同严重程度的犯罪。比如主刑中既有管制、拘役等较轻的刑罚，也有较重的有期徒刑，还有更重的适用于非常严重犯罪的无期徒刑与死刑。附加刑中各种刑种也轻重不一。反映了我国刑罚体系宽严相济的特点。[①] 可以看出，认为我国刑罚体系具有“宽严相济”的特点的观点是从我国刑罚体系内部的刑罚结构角度来分析的。主刑严厉程度在整体上大于附加刑，而且主刑由重至轻分为死刑、无期徒刑、有期徒刑、拘役、管制，附加刑也由轻至重分为罚金、剥夺政治权利和没收财产。从内部的轻重结构来看，我国刑罚体系确实有轻有重，轻重搭配，即我国刑罚体系中有“宽”也有“严”。但是有了“宽”“严”两个基本要素之后，刑罚体系是否就是“宽

① 参见齐文远主编：《刑法学》，北京大学出版社2016年版，第261页；张明楷：《刑法学》，法律出版社2016年版，第408页。

严相济”的呢？答案显然是否定的。

我国刑罚体系中这些“宽”“严”的刑罚种类是否实现“相济”，还需要进一步考察。“济”如前所述是指“宽”“严”两个要素之间的一种和谐、协调、平衡的关系。在刑罚体系中就体现为严厉程度大的刑罚与严厉程度小的刑罚之间是否形成了良性的和谐、协调、平衡的关系。观察我国刑罚体系发现，我国严厉程度大的主刑刑罚种类有死刑、无期徒刑、有期徒刑、拘役、管制 5 种，而严厉程度小的附加刑刑罚种类只有罚金、剥夺政治权利、没收财产 3 种。再从不同类型的刑罚种类观之，作为主刑的自由刑包含了无期徒刑、有期徒刑、拘役、管制 4 种刑罚种类，而作为附加刑的资格刑只有剥夺政治权利 1 种刑罚种类。从数量上来看，主刑与附加刑并不协调，主刑刑种偏多说明我国刑罚体系偏严厉，附加刑刑种数量偏少说明我国刑罚体系轻刑化程度不够。所以目前我国刑罚体系现状是“从严有余”“从宽不足”。

为了进一步改善我国刑罚体系偏严的现状，需要大力推进我国刑罚体系“宽”的一面的完善。除了改革我国的死刑和自由刑外，增加轻缓的、开放的附加刑种类也是必要的选择。总之，宽严相济刑事政策之“宽”也要求对我国附加刑种类进行扩展。

第二节　扩展我国附加刑种类之具体构想

我国附加刑种类的扩展需要立足于我国基本国情，以有利于实现犯罪的打击和预防为出发点。目前我国刑法中存在一些名义上不具有附加刑地位，但实际上发挥着附加刑作用的处罚措施，有必要将这些措施整合到附加刑中来。我国历史上存在过的一些附加刑种类中部分仍然对丰富我国附加刑体系具有积极意义，部分则意义不大，需要进行取舍。目前我国单位犯罪附加刑刑种单一，有必要进一步扩展专门针对犯罪单位的附加刑。对于其他国家存在的一些附加刑种类，需要立足于我国国情进行取舍。

一、明确驱逐出境的附加刑地位

（一）关于《刑法》第 35 条之驱逐出境性质的争议

关于我国《刑法》第 35 条规定的驱逐出境的性质目前有四种观点，第一种观点认为驱逐出境是附加刑；第二种观点认为驱逐出境是行政处罚；第三种观点认为驱逐出境是保安处分；第四种观点认为驱逐出境既是刑罚又是行政处罚。四种观点都有相应的支撑理由。第一种观点的理由主要是驱逐出境是对犯罪的外国人适用的，其适用对象是犯罪分子，其内容是剥夺居住的资格，适用目的在于防止外国人再次犯罪，因此驱逐出境实质上是附加刑中的资格刑。① 第二种观点的理由是驱逐出境既可以由法院判决又可以由公安机关宣布，其只能是非刑罚方法；我国刑法规定享有外交豁免权的人犯罪不适用于我国刑法，但是我国历史上曾经出现将进行特务活动的苏联驻华大使短期拘留之后驱逐出境的案例，如果驱逐出境是一种刑罚，则与刑法规定以及国际法（《维也纳外交关系公约》）相违背。② 持第三种观点的人认为从形式上来看，刑法中的驱逐出境不能归属于资格刑，但是其实质上又具有资格刑的特性。由于缺乏法律的明确规定，驱逐出境目前只能解释为带有保安处分性质的措施。③ 第四种观点认为法院判决中的驱逐出境是一种刑罚，而公安机关宣告的驱逐出境是一种行政处罚，而且驱逐出境主要是一种行政处罚。④ 观察各种观点的支撑理由可以发现，第二种观点的理由中前一个理由谈论的驱逐出境是广义的驱逐出境，既包括出入境管理法中规定的驱逐出境，也包括刑法中规定的驱逐出境，而不是单独在探讨刑法中的驱逐出境，有混淆对象之嫌。其第二个理由中探讨的驱逐出境完全是出入境管理法中的驱逐出境，从该驻华大使被拘留可以看出，对其适用的是行政处罚而非刑罚处罚，因此对其驱逐出境也是按照行政法规进行的，而不是按照刑法的规定处理的。第三种观点实质上认为刑法中的驱逐出境在应然层面应当属于附加刑中的资格刑，但在实然层面不能认为是刑罚，只能认为是具有保安处分性质的措施。第四种观点也是在广义上适用驱逐出境概念，区分了行政法

① 参见房清侠：《刑罚变革探索》，法律出版社 2013 年版，第 171 页。
② 参见陈浩铨：《驱逐出境是行政强制措施》，《政治与法律》1986 年第 5 期。
③ 参见房清侠：《刑罚变革探索》，法律出版社 2013 年版，第 168、171 页。
④ 参见李伟芳、王正超：《驱逐出境仅是一种刑罚吗?》，《政治与法律》，1986 年第 6 期。

规中的驱逐出境和刑法中的驱逐出境，认为刑法中的驱逐出境是一种刑罚。相比之下，第一种观点认为刑法中的驱逐出境是一种附加刑的理由更具有说服力。但是这是从应然层面来讲的，如果据此认为我国《刑法》第 35 条规定的驱逐出境就是一种附加刑，则明显存在问题。

（二）当前刑法中驱逐出境的附加刑地位名不正言不顺

当前我国刑法学界的通说基本认为我国《刑法》第 35 条规定的驱逐出境是我国刑罚的一种，而且属于附加刑的一种。[①] 通说的基本理由是：从刑法的安排来看，《刑法》第三章第一节是“刑罚的种类”，其中除了刑罚之外还有非刑罚方法，驱逐出境并不在非刑罚方法规定之中，因此其只能是刑罚的一种[②]；驱逐出境既可以独立适用又可以附加适用，与附加刑的适用方式一致；驱逐出境仅适用于犯罪的外国人，故是一种特殊的附加刑。[③] 但是这些理由都存在各自的缺陷。上述理由一认为既然非刑罚方法中没有规定驱逐出境，那么驱逐出境就是刑罚，按照这种逻辑，那么反过来，既然刑罚方法中没有明确规定驱逐出境，那么驱逐出境就是非刑罚方法。而且按照罪刑法定原则，后一种结论似乎更合理。上述理由二认为驱逐出境的适用方式符合附加刑的特点，因而其是附加刑的一种。诚然，驱逐出境的适用方式与附加刑的适用方式具有一致性，既能独立适用又能附加适用；驱逐出境剥夺的是外国人在我国境内合法停留的权利和资格，因此其内容与资格刑的内容具有一致性；而且驱逐出境在实践中也发挥着对外国人犯罪打击和预防的功能，与刑罚所起的作用无异，但是刑法没有明确指出驱逐出境的刑罚地位。虽然驱逐出境在内容上、适用方式上以及功能上都与刑罚极为相似，但是在罪刑法定原则的制约下，驱逐出境只能算是外国人犯罪之后的法律后果，还不能算是严格意义上的刑罚。如果因为驱逐出境与刑罚存在诸多共性就认为驱逐出境是刑罚的话，则存在类推的嫌疑。按照这种逻辑，驱逐出境虽然与我国附加刑中的资格刑极为相似，但是其与诸多其他措施也有相似之处，比如我国行政处罚中也有驱逐出境，从内容上看这两种驱逐出

① 参见陈兴良：《刑种通论》，人民法院出版社 1993 年版，第 499 页；马克昌：《刑罚通论》，武汉大学出版社 2000 年版，第 239 ～ 240 页；齐文远主编：《刑法学》，北京大学出版社 2016 年版，第 279 页。

② 参见冯艳蓉：《驱逐出境是一种刑罚方法》，《政治与法律》1986 年第 2 期。

③ 参见冯艳蓉：《驱逐出境是一种刑罚方法》，《政治与法律》1986 年第 2 期；张明楷：《刑法学》，法律出版社 2016 年版，第 424 页。

境一模一样，那么，《刑法》第35条的驱逐出境就是行政处罚措施了；再比如驱逐出境剥夺的是外国人在我国合法停留的资格，其发挥的是预防犯罪的功能，这与以资格为剥夺内容并且以预防犯罪为目的的保安处分也十分相似，那么驱逐出境也可能是保安处分的一种。那么，认为驱逐出境是行政处罚或是保安处分也有一定的道理。观察赞成驱逐出境是附加刑的观点，可以发现这种观点或多或少都是类推逻辑得出的结论。但是在罪刑法定铁则之下，类推是禁止的。上述理由三认为将驱逐出境单列出来的原因是其适用对象具有特殊性，其只能适用于犯罪的外国人，但是如果要论适用对象的特殊性，每一种刑罚方法的适用对象从某个角度都具有特殊性，比如从犯罪的严厉程度角度，死刑只能适用于罪行极其严重的犯罪分子，那么为什么从国籍角度具有特殊性就能被区别对待，而从犯罪分严重程度角度具有特殊性就没有被区别对待呢？因此将现行刑法规定的驱逐出境解释为实然层面的附加刑理由不够充分，直接将《刑法》第35条的驱逐出境作为附加刑名不正言不顺。要使驱逐出境的刑罚性具有合法性，非调整立法规定不能解决。

（三）刑法中驱逐出境之立法整合

从应然层面上来看《刑法》第35条之驱逐出境应当归类为附加刑，但是受罪刑法定原则的制约，实然上其又不能名正言顺地作为附加刑。为了准确适用刑法中的驱逐出境，充分发挥其预防犯罪和保障人权的作用，也为了稳定国家关系，需要明确其性质，赋予其相应的法律地位，避免不必要的争议。为了维持刑法典的稳定性，按照目前我国刑法中附加刑与驱逐出境的规定，可以在《刑法》第34条“附加刑种类”中增加第四项“驱逐出境”，条文内容即为“附加刑的种类如下：（一）罚金；（二）剥夺政治权利；（三）没收财产；（四）驱逐出境。附加刑也可以独立适用”。另外，鉴于驱逐出境适用对象的特殊性，《刑法》第35条的部分内容仍然有必要保留。第35条的规定可以调整为：本法规定之驱逐出境仅对于犯罪的外国人适用。

二、职业禁止上升为附加刑之设想

（一）关于职业禁止性质的争议及评价

1. 关于职业禁止定性的三种立场

早在《刑法修正案（九）》提上日程之前，就有人建议在刑法中增设职业禁止的规定，以预防特定职业类犯罪。[①]不过当时的建议中绝大多数是建议将职业禁止增设为我国资格刑的一种，少有人提及将职业禁止作为保安处分制度在我国刑法中进行规定。但是，从《刑法修正案（九）（草案）》征求意见开始，将职业禁止视为保安处分制度的阵营逐渐壮大。[②]自《刑法修正案（九）》将职业禁止规定在《刑法》第 37 条之一以来，关于职业禁止的性质主要形成了三种观点。

第一种观点认为职业禁止属于或应当属于刑罚。基本理由有：一、职业禁止是对权利的重大的剥夺。周光权认为，从业禁止是一种刑罚，是权利特别重大的剥夺，不应作为禁止令，应该上升为刑罚。[③]二、职业禁止规定是对我国资格刑内容的扩充。三、古今中外的刑事法典中，将禁止犯罪人特定职业从事权规定为刑罚方法的立法例比比皆是。[④]

第二种观点认为职业禁止属于保安处分制度。主要理由有：一、从职业禁止在《刑法》中的位置来看，并不属于刑罚种类。根据我国现行《刑法》第 32、33、34 条的规定，职业禁止并非主刑或附加刑的任何一种，故不可能是一种特殊的资格刑。[⑤]职业禁止规定在第 37 条免于刑事处罚与非刑罚处罚措施之后，显然其不属于刑罚的范畴。[⑥]二、从职业禁止的目的来看，有前科者从业禁止乃是基于预防有前科者再犯之目的考量的正本清源之策，其适用基础并非有前科者的罪责，而是再次实行与职业相关的危害社会行为的人身危险性，该规

---

① 参见高铭暄：《中华人民共和国刑法的孕育诞生与发展完善》，北京大学出版社 2012 年版，第 239 ～ 240 页；彭波：《建议增设职业禁止的规定》，《政治与法律》1994 年第 4 期；张瑞幸、管应时：《重建我国刑法中资格刑体系的构想》，《宁夏社会科学》1993 年第 4 期。

② 从《刑法修正案（九）》草案开始征集意见以来公开发表的赞成职业禁止为保安处分制度的文章数量判断，可见一斑。

③ 参见赵秉志、袁彬、商浩文：《关于〈刑法修正案（九）（草案）〉的修改意见》，《刑法论丛》2014 年第 4 期。

④ 参见尹晓闻：《禁止从事职业处罚措施升格为资格刑的根据》，《华南理工大学学报（社会科学版）》2015 年第 5 期。

⑤ 参见刘夏：《保安处分视角下的职业禁止研究》，《政法论丛》2015 年第 6 期。

⑥ 参见刘志伟、宋久华：《论刑法中的职业禁止制度》，《江西社会科学》2016 年第 1 期。

定对适用对象亦侧重矫正、预防而非惩罚、非难。①职业禁止以犯罪人的犯罪情况以及再犯危险为依据，并以预防行为人将来再犯罪为唯一目的。②刑法职业禁止令的主要目的在于防卫社会，防止曾利用职业便利或违背职业义务要求实施犯罪而被判处刑罚的犯罪人，在刑罚执行完毕或假释之后再次利用职业便利或违背职业义务要求实施危害社会的行为。③它由法官在刑事审判中根据预防再犯罪需要适用，也符合保安处分的特征。④三、从国外立法情况来看，纵观其他法治发达国家，也有不少在刑法中规定了职业禁止之类的保安处分措施。⑤四、职业禁止属于伴随着限制自由的改善处分，限制自由服务于改善目的，职业禁止符合保安处分的规范特征，职业禁止以特定犯罪人为防范对象，其适用期限比刑罚更加灵活，刑法关于假释的规定也肯定了职业禁止属于保安处分。⑥

第三种观点认为职业禁止既不属于保安处分制度又不属于刑罚，而是非刑罚性处罚措施。从条文设置上看，从业禁止是作为《刑法》37 条之一予以规定的，因此，它肯定不属于刑罚制度，而是我国刑法规定的一种非刑罚性处置措施，从业禁止制度恐怕也很难被认定为一种“保安处分”制度，因为它不是作为并列于刑罚之后的数类处分类型之一，当然，如果对于保安处分给予过于宽泛的范围扩张，似乎它也能和保安处分沾上边。⑦还有观点虽主张职业禁止规定理论上应当上升为刑罚，但是认为我国目前关于职业禁止的规定是非刑罚处置措施。《刑法修正案（九）草案》的立法旨意在于明确资格处罚的司法裁量权，并没有将禁止从事职业的处罚措施上升为刑罚方法。⑧

2. 关于上述三种争议的评价

将职业禁止视为保安处分制度的观点主要援引的理由是国外关于保安处分制度的理论和部分国家关于保安处分的立法例。在引用国外的保安处分制度理论进行论证时，这些观点首先是将保安处分与刑罚进行理论上的区分，然后再将我国的职业禁止规定与保安处分制度进行对比得出两者具有相似性的结论，

① 参见叶良芳、应家赟：《论有前科者从业禁止及其适用》，《华北水利水电大学学报（社会科学版）》2015 年第 4 期。

②⑥ 参见武晓雯：《论〈刑法修正案（九）〉关于职业禁止的规定》，《政治与法律》2016 年第 2 期。

③ 参见卢建平、孙本雄：《刑法职业禁止令的性质及司法适用探析》，《法学杂志》2016 年第 2 期。

④ 参见闪辉：《刑事职业禁止的定性与适用——对《刑法修正案（九）》第 1 条的解释》，《东方法学》2016 年第 2 期。

⑤ 参见刘夏：《保安处分视角下的职业禁止研究》，《政法论丛》2015 年第 6 期。

⑦ 参见于志刚：《从业禁止制度的定位与资格限制、剥夺制度的体系化——以《刑法修正案（九）》从业禁止制度的规范解读为切入点》，《法学评论》2016 年第 1 期。

⑧ 参见尹晓闻：《禁止从事职业处罚措施升格为资格刑的根据》，《华南理工大学学报（社会科学版）》2015 年第 5 期。

据此判断职业禁止属于保安处分。但是，这种做法存在两个问题：一是忽视了保安处分制度与刑罚的关联性；二是忽视了我国职业禁止规定与保安处分制度的不同之处。从表面看，我国刑法规定的职业禁止与国外的保安处分制度在很多方面都具有相似性，但是保安处分制度与刑罚的关系本身就十分微妙，甚至还有不区分保安处分与刑罚的理论（一元论），这说明我国职业禁止与保安处分制度的相似之处很可能也是职业禁止制度与刑罚的相似之处，那么，仅仅分析我国职业禁止规定与国外保安处分制的相同之处，不分析两者的差异以及我国职业禁止与我国刑罚的关系，就得出其属于保安处分制度的做法就是片面的。其次，虽然部分国家将职业禁止作为保安处分制度规定在刑法中[①]，但是也有国家将其作为附加刑或从刑予以规定。[②]因此，以国外有先例作为认定职业禁止的性质的理由是不充分的。而且，每个国家关于职业禁止的具体规定和其刑法体系都是不一样的，因此，对职业禁止的性质定位必须结合具体规定以及整个刑法体系特点进行，不能一概而论。

将职业禁止作为非刑罚处罚措施的观点主要是根据职业禁止规定在刑法条文中的位置判断其性质，原《刑法》第 37 条是关于免于刑事处分与非刑罚处罚措施的规定，《刑法修正案（九）》将职业禁止规定在《刑法》第 37 条作为该条之一，因此，有人据此判断职业禁止是非刑罚处罚措施。但是这种观点存在两个问题：一是它没有考察职业禁止的实质内容，忽视其本质；二是“非刑罚处罚措施”这个概念本身比较笼统，涵盖范围太广，外延不明确，而且没有相关适用原则，容易导致职业禁止这种剥夺犯罪人重大权益的处罚措施得不到限制而侵犯犯罪人的合法权益。

将我国职业禁止作为刑罚的观点在定性上是准确的，但是论证过程仍显不足。首先，仅援引部分国外立法作为论证理由的做法同样是不能充分使人信服的。其次，目前已经公开发表的支持职业禁止是刑罚的文章多是从理论上论证职业禁止的性质，但是《刑法修正案（九）》已经将职业禁止的内容固定下来，所以从实质内容层面也应当对职业禁止的性质进行分析，但是目前来看，对职

① 参见《塞尔维亚共和国刑法典》，王立志译，中国人民公安大学出版社 2011 年版，第 37 页；《黑山刑法典》，王立志译，中国人民公安大学出版社 2012 年版，第 31 页。

② 参见 [俄] Л.В. 伊诺加莫娃 · 海格：《俄罗斯联邦刑法（总论）》，黄芳、刘阳、冯坤译，中国人民大学出版社 2010 年版，第 191 页；《古巴刑法典》，陈志军译，中国人民公安大学出版社 2010 年版，第 31 页。

业禁止相关条文进行规范性解读，从内容层面论证职业禁止的刑罚性的做法还相对欠缺。

（二）《刑法》第 37 条之一中职业禁止之性质定位

我国《刑法》关于职业禁止的规定是：因利用职业便利实施犯罪，或者实施违背职业要求的特定义务的犯罪被判处刑罚的，人民法院可以根据犯罪情况和预防再犯罪的需要，禁止其自刑罚执行完毕之日或者假释之日起从事相关职业，期限为 3 年至 5 年。从我国职业禁止的规定内容来看，其与国外的保安处分制度存在差别，而与我国刑罚更具有吻合性。

1. 保安处分制度与刑罚之理论关系

关于保安处分与刑罚的关系有区分两者的二元主义与不区分两者的一元主义。二元主义为古典学派的观点，一元主义为实证学派所主张。二元主义下，保安处分与刑罚的区别在于：第一，目的上，保安处分主要追求特殊预防，而刑罚既追求特殊预防，也追求一般预防。第二，适用根据上，保安处分的适用根据是犯罪人的人身危险性，刑罚适用的根据是犯罪行为表现出来的责任。第三，内容上，保安处分不以痛苦、恶害为本质，而刑罚以痛苦、报应为本质。第四，在价值上，保安处分不具有伦理非难意义，价值无涉，刑罚是伦理非难的表现形式。第五，适用原则上，保安处分以适当性为原则，刑罚以责任主义为原则。第六，针对对象上，保安处分针对的是行为人将来实施犯罪的可能性，只要行为人一直有实施犯罪的危险性，就要继续不定期地实行保安处分，而刑罚针对的是已经发生的犯罪事实，其刑事责任是确定的，因此刑罚的期限也是确定的。第七，保安处分的基本性格是剥夺隔离、改善，剥夺、限制自由是从属于隔离、改善的，而刑罚的基本性格是剥夺自由，隔离、改善只是刑罚的效果。第八，保安处分不以定罪为前提，而刑罚以定罪为前提。一元主义认为保安处分与刑罚没有实质性的区别，理由有：第一，缓刑、假释等制度等将行为以外的情况予以考虑，表明犯罪人的社会危险性是刑罚的量定基础，这与保安处分以行为人的人身危险性为基础无区别。第二，刑罚的目的不仅仅是报应，而是通过刑罚保全社会秩序，另外在全体主义的行为理论下，保安处分也并非与价值无涉。第三，刑罚虽然以犯罪行为为前提，但犯罪行为是社会危险性的表征，保安处分虽然不问犯罪行为的有无，但同样是为了防卫社会而对社会危险性进行处分，因而在针对社会危险性上，两者无异。①

本书更赞成二元主义的观点，认为应当区分刑罚与保安处分，并且严格限制保安处分的范围。首先从实现社会正义的角度，刑罚比保安处分更具科学性。刑罚以犯罪为前提，刑罚的裁量以犯罪行为的社会危害性为基础，符合正义的要求，而保安处分不以犯罪为前提，而是以人身危险性为前提，那么就可能出现实施较小社会危害性的人被施加严厉的保安处分，而实施了较大社会危害性的人被施加轻微的保安处分等情形，不符合社会正义观。其次从保障犯罪分子的合法权益的角度，刑罚比保安处分制度更加谨慎。刑罚受罪责刑相适应原则的约束，国家刑罚权被关进“笼子”，犯罪分子的合法权益更有保障，而保安处分制度则以人身危险性为适用原则，可能导致畸轻畸重的处分，不利于保障被处分人的合法权益。特别是对重大权利的限制与剥夺，采用刑罚的形式比采用保安处分的形式更科学。

2. 我国职业禁止性质的应然定位

从我国职业禁止的规定内容来看，其与国外的保安处分制度存在差别，而与我国刑罚更具有吻合性。首先，我国职业禁止与国外的保安处分制度存在以下区别：第一，根据《刑法》第 37 条之一的规定，能够被禁止职业的人是实施特定犯罪被判处刑罚的人，因此禁止职业的人以犯罪为前提；而国外的保安处分并不以犯罪为前提。第二，法院做出职业禁止的决定以犯罪情况和预防再犯罪需要为根据，即职业禁止的根据有两个，一是犯罪情况，二是预防再犯罪需要，这与保安处分仅以再犯罪需要为适用根据区别。第三，我国职业禁止在期限上有上限和下限的限制，而国外的保安处分更倾向于不定期的职业禁止。其次，我国职业禁止与刑罚极具吻合性，表现在：第一，我国职业禁止与我国刑罚一样以犯罪为前提。第二，我国职业禁止的适用以犯罪情况和预防再犯罪需要为根据，这与我国刑罚以犯罪行为的社会危害性以及犯罪分子的人身危险性为适用根据具有一致性。第三，我国职业禁止在期限上有明确的限制，这与我国刑罚的期限规定也存在一致性，符合罪责刑相适应原则。第四，我国职业禁止适用的对象是被判处刑罚的人，这与附加刑适用对象是被判处主刑或者附加刑的人一致。第五，我国职业禁止的整体规定与附加刑中的剥夺政治权利的规

① 参见张明楷：《外国刑法纲要》，清华大学出版社 2010 年版，第 429 页；［法］卡斯东·斯特法尼等：《法国刑法总论精义》，罗结珍译，中国政法大学出版社 1998 年版，第 433 ～ 445 页。

定十分相似。第六，我国职业禁止剥夺的是犯罪分子从事某种职业的资格，这与资格刑的内容一致。从我国职业禁止与保安处分存在的差异以及其与我国刑罚的吻合程度来看，我国职业禁止应当作为附加刑中资格刑被归类到我国刑罚之中。因此，目前我国刑法对职业禁止的位置安排不甚合理。

（三）其他法律法规中“禁止”或“限制”职业规定的定位

根据我国《刑法》第 37 条之一的规定可知目前我国有两种类型的“职业禁止”，一种是法院宣告犯罪分子有罪时同时宣告的“职业禁止”，另一种是由其他法律、法规规定的“职业禁止（限制）”。由法院宣告的“职业禁止”应当直接纳入附加刑体系中，以更好地发挥其特殊预防的作用。那么对于刑法之外的其他法律、法规规定的“职业禁止（限制）”是否也该纳入附加刑体系中呢？需要进一步探讨。目前刑法之外的法律法规规定的职业禁止散见于《公务员法》《法官法》《检察官法》《律师法》《注册会计师法》《医师法》《教师法》《仲裁法》《保险法》《证券法》等中。这些法律法规中规定的职业禁止多数也是由犯罪引发的后果，比如《教师法》规定：受到剥夺政治权利或者故意犯罪受到有期徒刑以上刑事处罚的，不能取得教师资格；已经取得的，其资格随之丧失。《律师法》规定：受过刑事处罚的，不予发放律师执业证书，但过失犯罪的除外（第 7 条）；律师因故意犯罪而受刑事处罚的，吊销其执业证书（第 49 条第 2 款）。《仲裁法》规定：仲裁委员会应当从公道正派的人员中聘任仲裁员。观察相关规定可以发现，这些类型的职业禁止的目的并非刑法中的犯罪预防，而是因为这些行业对从业人员的品质有较高的要求和标准，行为人的犯罪行为表明其不具备或则丧失了这些较高的品质条件，因此行为人不能或不再从事相关行业。当然，这些职业禁止在客观上也能起到预防犯罪的作用，因为既然行为人在品质上存在问题，其就可能利用职业便利实施犯罪，但是这与刑法中直接将犯罪预防作为目的的职业禁止存在区别。另外，这些职业禁止对犯罪类型没有特殊要求，只要行为人犯了罪，就丧失了从业资格，这与刑法中利用特定职业实施犯罪而丧失从事该职业资格的职业禁止也存在区别。因此，这些类型的职业禁止不宜纳入附加刑中去。

（四）我国职业禁止之立法调整

综上，我国刑法中的职业禁止与某些国家刑法中作为保安处分的“职业禁止”存在区别，在形式上和内容上与我国刑罚特点相吻合，理应属于刑罚范畴，为资格刑的一种。将职业禁止定性为刑罚，更加符合我国刑罚体系特征，也更加有利于保障犯罪人的合法权益。但是目前职业禁止在我国刑法体系中的位置还不足以正诚其刑罚地位，需要对职业禁止的立法安排做出调整。为了使我国刑罚体系具有统一性，笔者认为可以将职业禁止直接规定到《刑法》第 34 条中去，最好安排在剥夺政治权利之后，并且将职业禁止的具体内容规定在《刑法》第 58 条的规定之后，作为该条之一，以维护刑法条文的稳定性。

三、禁止令上升为附加刑之设想

（一）国外禁止性规定与我国禁止令之比较

在瑞士、美国等国家，由于犯罪分子实施了某些类型的犯罪行为，法院出于犯罪预防的需要，会判处禁止犯罪分子进入特定区域、禁止犯罪分子在特定区域居住等附加刑或者附随性制裁措施。《瑞士联邦刑法典》规定，如果犯罪分子实施的犯罪（包括重罪或者轻罪）是在过量饮用酒精饮料后实施的，法官可以禁止被告在 6 个月～ 2 年内进入出售含酒精饮料的酒店。[①]美国很多州对于性犯罪分子的居住地进行了限制，多数州限制性犯罪分子居住在学校附近，还有州限制性犯罪分子居住在托儿所、公园、公交站、公共游泳池以及其他儿童经常出现的地方，犯罪分子居住场所与学校、托儿所等之间的最短距离各州要求不同，为 500 ～ 2000 英尺。[②]这些措施旨在通过对犯罪分子的某些权利或者资格进行限制，以到达防止犯罪分子再犯的效果，具有资格刑的特点。从内容上来看，我国刑法中也有类似的规定——刑事禁止令。我国刑法规定，对于被判处管制或者宣告缓刑的犯罪分子，法院可以根据犯罪情况禁止犯罪分子从事特定活动，进入特定区域、场所，接触特定的人，其中就包括禁止犯罪分子进入夜总会、酒吧、迪厅、网吧等娱乐场所以及禁止进入中小学校区、幼儿园园

---

① 参见《瑞士联邦刑法典》，徐久生、庄敬华译，中国方正出版社 2004 年版，第 22 页。

② Margaret Troia, Ohio' s Sex Offender Residency Restriction Law: Does It Protect the Health and Safety of the Sate' s Children or Falsely Makes People Believe So？ Journal of Law and health Vol. 19: 331（2004—2005）, pp.335-336.

区及周边地区等规定。虽然有关文件指出禁止令的目的是为了“促进犯罪分子教育矫正、有效维护社会秩序”，但禁止令的最终目的还是为了防止犯罪分子再犯。可见，从剥夺内容和根本目的上来看，我国的刑事禁止令与瑞士、美国的禁止性规定十分相似，而且从内容上来看，我国的刑事禁止令更加丰富。但是，我国的刑事禁止令与瑞士、美国的禁止规定也存在很大的不同，主要表现在我国的刑事禁止令并非刑罚的一种，适用对象是判处管制或者宣告缓刑的犯罪分子，而瑞士、美国的禁止性规定则具有刑罚性质，针对的是特定犯罪类型的犯罪分子。相比之下，瑞士、美国的禁止规定的适用范围更广，更加有利于充分发挥禁止规定预防犯罪的作用。

（二）我国禁止令规定局限性之考察

学术界对仅对判处管制或者宣告缓刑的犯罪分子适用禁止令的局限性问题早已展开讨论。学术界普遍认为假释与管制、缓刑同样具有开放性和社会性，没有将假释的犯罪分子纳入禁止令的适用对象，无疑是一种遗憾。① 还有学者认为不仅应将禁止令适用范围扩大到被假释的犯罪分子，还应当扩大到被剥夺政治权利的犯罪分子以及被决定暂予监外执行的犯罪分子。② 从学界的讨论可以看出，多数学者仍然是基于禁止令非刑罚性的基础上展开讨论的。也有个别学者跳出了当前刑法对禁止令的非刑罚性定位，提出了较为前瞻的观点，认为对禁止令的改革可以分为短期改革和远期改革，短期改革是增加假释考验期间的禁止令，远期改革是将禁止令发展成为独立的资格刑。③ 无论各种观点的合理性如何，我国刑事禁止令在适用范围上具有局限性是不可否认的事实。我国的刑事禁止令有必要进一步扩大适用范围，以充分实现预防犯罪的功能。

事实上，立法者已经注意到禁止令在预防犯罪方面的重要性与禁止令适用范围狭窄之间的紧张关系，扩大了部分禁止内容的适用范围，最典型的表现是职业禁止的规定。从内容上看，职业禁止与禁止犯罪分子从事特定活动并无质

---

① 参见王鹏祥、闫雨：《刑法禁止令的性质、适用条件与改革前瞻》，《河南师范大学学报（哲学社会科学版）》2013 年第 6 期；张永强：《规范与进路：预防本位下刑法禁止令之定性》，《西南政法大学学报》2013 年第 5 期；刘勇：《对假释罪犯也可适用禁止令》，《检察日报》2015 年 4 月 29 日。

② 参见马梅凤：《预防视阈下禁止令适用对象的新探索——以《刑法修正案（八）》和《刑法修正案（九）》为切入点》，《学术论坛》2016 年第 5 期。

③ 参见李怀胜：《禁止令的法律性质及其改革方向》，《中国刑事法杂志》2011 年第 11 期。

的区别，在职业禁止未被刑法单独规定之前，禁止令中就有职业禁止的可能性。根据最高人民法院、最高人民检察院、公安部、司法部联合颁布的《关于对判处管制、宣告缓刑的犯罪分子适用禁止令有关问题的规定（试行）》第3条，对于判处管制或者宣告缓刑的犯罪分子，法院可以禁止犯罪分子设立公司、企业、事业单位，禁止其从事相关生产经营活动，这些内容就带有职业禁止的色彩。但是随着利用职业便利的犯罪和违背职业特定义务的犯罪愈发突出，扩大职业禁止的适用范围成为必然，因此《刑法修正案（九）》增设了职业禁止，规定对于所有利用职业便利实施犯罪，或者实施违背职业要求的特定义务的犯罪被判处刑罚的，都可以适用职业禁止。职业禁止范围的扩大有利于充分发挥职业禁止犯罪预防的功能。既然职业禁止可以扩大适用范围，那么禁止令中其他禁止性规定同样可以扩大适用范围，以求将其预防犯罪的作用最大化。

（三）我国禁止令之出路——成为独立的资格刑

单从扩大禁止令的适用范围而言，上述建议都能实现，但是笔者更加赞同将禁止令独立为资格刑的做法。原因有二：首先，将禁止令作为一种资格刑有利于实现禁止令性质的统一。目前我国刑法中的禁止令规定的性质是存在争议的，主要有保安处分说、强制性约束措施说、监督管理措施说、刑罚执行的辅助措施说、综合性的处遇措施说等。[①] 出现这些争议的原因在于禁止令适用对象性质的差异。管制是一种刑罚，管制中的禁止令具有刑罚执行措施的特点，而缓刑不是一种刑罚，缓刑中的禁止令不是刑罚执行措施。如果依据学者的建议，将禁止令扩大到假释、剥夺政治权利以及监外执行的犯罪分子，那么剥夺政治权利是刑罚，剥夺政治权利中的禁止令可以作为刑罚执行措施，假释与监外执行是刑罚执行措施，那么假释和监外执行中的禁止令可能就是刑罚执行的辅助措施。那么，同样是禁止令，却有三种不同性质，极易导致司法实践的混乱。可见，以禁止令的非刑罚性为基础，试图将禁止令扩展到包括管制、缓刑、假释、剥夺政治权利、监外执行中去的做法虽然能够扩大禁止令的适用范围，但是会造成禁止令性质模糊，引发适用混乱问题。因此，需要另寻他路，既要能够扩大禁止令的适用范围，又要保证禁止令性质的统一。可行的途径就是将禁

① 参见张永强：《规范与进路：预防本位下刑法禁止令之定性》，《西南政法大学学报》2013年第5期。

止令独立为一种资格刑。由于禁止令的严厉性较小，可以作为附加刑适用。将禁止独立为一种资格刑既可以在适用范围上涵盖所有被判处管制、剥夺政治权利、宣告缓刑、被假释以及监外执行的犯罪分子，还能使所有情形下的禁止令具有相同的性质，有利于禁止令的司法统一。其次，将禁止令作为一种资格刑更有利于发挥其特殊预防的作用。当前刑法虽然规定对于判处管制和宣告缓刑的犯罪分子可以适用禁止令，但实际上并非所有被判处管制或者宣告缓刑的犯罪分子都有必要适用禁止令，法院在决定是否适用禁止令时主要考虑的还是犯罪原因、犯罪性质、犯罪手段、犯罪后的悔罪表现、犯罪分子个人的一贯表现等因素，可见禁止令的适用标准并非是犯罪分子是否被判处管制或者被宣告缓刑，抑或是被假释、监外执行。以管制、缓刑、假释、监外执行等确定禁止令的适用范围掩盖了禁止令真正的适用标准和目的，容易导致禁止令适用对象缺乏针对性。为了充分发挥禁止令预防犯罪的作用，应当将禁止令与那些需要进行特殊预防的个罪直接联系起来，以明确禁止令的适用对象。将禁止令作为一种刑罚就能够使禁止令对象具有针对性，因为犯罪是刑罚的唯一适用对象。立法者之所以认为被判处管制或者宣告缓刑的犯罪分子有适用禁止令的必要性，主要是考虑管制服刑人员和缓刑考验期人员是在社会上服刑或者接受考验，人身自由不受限制，具有利用相关权利或者资格进行再犯的可能性。但是这种考虑仅仅是对禁止令应该何时开始起作用的考虑，而不宜作为禁止令适用对象的标准。就如同剥夺政治权利刑一样，其适用对象是那些可能利用政治权利进行犯罪的犯罪分子，当犯罪分子在监狱服刑时，不具备行使政治权利的客观条件，当犯罪分子主刑执行完毕或者被假释而回归社会后就具备了利用政治权利实施犯罪的条件，因此剥夺政治权利的刑期应当从犯罪分子主刑执行完毕或者假释之日起计算。可见，主刑是否执行完毕或者是否被假释并不决定是否剥夺犯罪分子的政治权利，而是决定从什么时候剥夺犯罪分子的政治权利。因此，管制、缓刑、假释、监外执行不宜作为确定禁止令适用范围的标准，而宜作为禁止令期限起算标准。鉴于上述原因，笔者认为可以将禁止令作为一种独立的资格刑规定在附加刑中。

四、单位犯罪附加刑之扩展

（一）学界关于单位犯罪处罚问题之探讨

关于我国单位犯罪处罚问题的理论研究已经十分丰富。学界对我国单位犯罪处罚存在的诸多问题进行了详细的分析。这些问题包括：第一，我国单位犯罪刑种过于单一。目前我国对单位犯罪中针对单位本身的刑罚仅附加刑中的罚金刑一种，难以满足与复杂多样的单位犯罪做斗争的需要。[①] 第二，罚金刑的惩罚力度不够，无法发挥一般预防和特殊预防的功能。[②] 第三，如果犯罪单位已经资不抵债，对犯罪单位仅处以罚金刑可能造成执行不能的尴尬。[③] 第四，罚金刑不能完全消除单位再犯罪的物质条件和动机。[④] 第五，对单位的行政处罚与刑事处罚出现严重的倒挂现象。目前我国对单位的行政处罚包括停业整顿、吊销营业执照等，这些处罚直接关系单位的存续和发展，在严厉程度上远远超过罚金刑。[⑤] 针对单位犯罪处罚中的问题，学界也基本一致认为需要通过扩展单位犯罪刑罚种类来解决。学界提出的方案主要包括：方案一，增设停业整顿和强制破产两种单位犯罪资格刑。[⑥] 方案二，增加停业整顿、限制从事业务活动、强制撤销三种单位犯罪附加刑。[⑦] 方案三，增加剥夺荣誉称号、停业整顿、限制业务范围、吊销营业执照以及强制破产五种单位犯罪资格刑。[⑧] 方案四，增加限制经营范围、剥夺相关资质、强制解散三种单位犯罪资格刑。[⑨] 方案五，增设单位犯罪名誉刑、资格刑和没收刑。[⑩] 可以看出学界对我国单位犯罪中存在的问题分析较为全面，而且也提出了诸多具有可行性的解决方案。从这些解决方案的内容来看，基本都是从增加单位犯罪资格刑角度入手的，这些资格刑种类多样（某些同一种刑罚被赋予了不同的名称），对于解决我国单位犯罪刑罚单一问题具有针对性。本书也赞同对我国单位犯罪的刑罚种类进行扩展。但是，我国的

---

①③⑦ 参见吴平：《增设以单位犯罪为适用对象的资格刑刍议》，《福建政法管理干部学院学报》2004 年第 1 期。

② 参见吴平：《增设以单位犯罪为适用对象的资格刑刍议》，《福建政法管理干部学院学报》2004 年第 1 期；曾粤兴、周兆进：《环境犯罪单位资格刑立法探析》，《科技与法律》2015 年第 2 期。

④⑩ 参见王能武、马荣春：《论单位犯罪的刑种完善与增设》，《江西警察学院学报》2014 年第 6 期。

⑤ 参见吴平：《增设以单位犯罪为适用对象的资格刑刍议》，《福建政法管理干部学院学报》2004 年第 1 期；王明建：《建议设立单位犯罪资格刑》，《检察实践》2000 年第 3 期。

⑥ 参见陈兴良：《资格刑比较研究》，《法学研究》1990 年第 6 期。

⑧ 参见王明建：《建议设立单位犯罪资格刑》，《检察实践》2000 年第 3 期。

⑨ 参见王志祥、敦宁：《刑罚配置结构调整论纲》，《法商研究》2011 年第 1 期。

刑罚体系是主附加刑模式，仅仅建议增加某种刑罚种类还没有真正实现刑罚体系的完善，还需要进一步确定新增加的刑种在主刑和附加刑中的归属问题，才能最终实现刑罚体系的协调，而这一问题是当前我国刑法学界在提出完善单位犯罪刑罚种类时少有注意的，本书拟对此问题进行进一步探讨。

（二）单位犯罪附加刑刑种之选择

虽然从局部来看，一些附加刑达到一定的“量”时，其严厉程度重于某种主刑，比如没收全部财产相比管制 3 个月，前者可能更加严厉，但是从刑罚剥夺内容的性质来看，主刑整体上是较附加刑更为严厉的刑罚方法。在确定单位犯罪附加刑时需要遵循这个基础，不能将十分严厉的刑罚作为单位犯罪的附加刑，或者将严厉程度轻微的刑罚作为单位犯罪的主刑。根据学界的建议，可能增设的单位犯罪刑罚种类有：没收财产、剥夺荣誉称号、限制业务范围、停业整顿以及吊销营业执照。从剥夺内容来看，除了没收财产之外，其他的刑罚都是对资格的限制和剥夺，属于资格刑的范畴。由于目前在我国刑罚体系中，唯一的资格刑剥夺政治权利属于附加刑，导致了一种认识误区，即认为只要是资格刑就应当属于附加刑。然而，这是对我国刑罚体系的一种误解，也是对资格刑缺乏认识的表现。资格刑是为了防止犯罪分子利用某种资格实施犯罪而剥夺犯罪分子这种资格的刑罚方法。根据所剥夺的权利的重大程度以及对犯罪分子的影响大小，资格刑完全可能是一种极为严重的刑罚方法。因此，将所有的资格刑纳入附加刑中是不合适的。那么在上述设想的五种单位犯罪刑罚种类中，哪些应当被归类到附加刑中去呢？本书认为没收财产、剥夺荣誉称号、限制业务范围可以被归类为附加刑范畴。理由在于：第一，没收财产刑本身在我国刑罚体系中就属于附加刑，因此对单位犯罪的没收财产也应归属于附加刑。第二，剥夺荣誉刑剥夺的内容是犯罪单位的所获得的荣誉称号，虽然会影响犯罪单位在公众中的信誉，让犯罪单位丧失因荣誉称号而获得的间接利益，给犯罪单位造成一些间接的经济损失，但是这种损失比起直接剥夺其财产甚至剥夺其营业资格的严厉性要小得多，因此剥夺荣誉刑可以归入附加刑范畴。第三，限制业务范围实际上就是剥夺犯罪单位从事其实施犯罪时具体涉及的业务范围的资格，防止其在这些业务范围内再次实施犯罪，这与自然人犯罪中的职业禁止十分类似，在自然人犯罪中职业禁止被归入附加刑，这里限制业务范围也可被归入附加刑。停业整顿以及吊销营业执照不应归入单位犯罪附加刑，是因为停业整顿对于犯罪单位而言相当于自由刑，而吊销营业执照对犯罪单位而言则相当于生命刑。[①] 这两种刑罚的严厉性决定了其不宜作为附加刑，可以将其设置为单位犯罪中针对单位本身的主刑。综上，可以增设没收财产、限制业务范围两种单位犯罪附加刑刑种。

五、关于剥夺亲权的思考

（一）国外剥夺亲权刑之介绍

意大利重罪附加刑中有一种刑罚叫作终止或者暂停亲权，是一种终身终止或者在一定期限内暂停被判刑人处理与自己子女权益有关事务的权利能力与行为能力的刑罚方法。终止或者暂停亲权的适用对象是被判处无期徒刑的犯罪人或者刑法分则专门规定的犯罪人；因滥用亲权而被宣告有罪的人；因非过失罪而被判处 5 年以上有期徒刑的人。第一种情形下终身剥夺犯罪人的亲权，后两种情形剥夺亲权的期限为主刑刑期的 2 倍。被判刑人宣告缓刑的，由未成年人法庭采取最有利于未成年人利益的措施。[②] 瑞士附加刑中也有类似的规定，称之为剥夺教养权和监护权。剥夺教养权和监护权的适用对象为犯重罪或者轻罪被科处自由刑，教养权或者作为监护人、保护人的义务被破坏的人，或者因犯重罪或者轻罪，法官认为不适宜履行教养和监护人、保护人义务的人。[③] 从适用对象上来看，剥夺亲权的适用对象是特定类型的犯罪分子，这些犯罪分子要么是由于人身自由受到限制无法履行对子女的教养、监督和其他义务，要么因为其本身侵害了子女的权益，丧失了行使亲权的品格。从剥夺内容来看，剥夺亲权的剥夺内容是父母行使对子女教养、监督以及与处理与子女权益有关的事务的权利和能力，实际上就是对父母资格的剥夺。从目的上来看，剥夺亲权刑是为了最大限度地保护未成年人的利益，防止犯罪分子利用亲权实施侵害未成年人子女权利的行为。可见，剥夺亲权具有资格刑的属性。

---

① 参见陈兴良:《资格刑比较研究》,《法学研究》1990 年第 6 期。

② 参见陈忠林:《意大利刑法纲要》，中国人民大学出版社 1999 年版，第 269 ～ 270 页。

③ 参见《瑞士联邦刑法典》，徐久生、庄敬华译，中国方正出版社 2004 年版，第 21 页。

（二）剥夺亲权在我国作为一种附加刑是否可行之思考

出于保护未成年人子女的利益而剥夺父母亲权的做法我国也存在。我国《民法总则》第 36 条规定，当监护人实施侵害被监护人合法权益的行为，经有关个人或者组织申请，法院可撤销监护人资格。这其中就包含了父母对子女的监护资格被撤销的情形。在恢复监护人资格时，《民法总则》严格限制了对被监护人实施故意犯罪的监护人的资格的恢复。与意大利、瑞士的剥夺亲权相比，我国剥夺监护权虽然也是出于保护被监护人的合法权益，但其更多关注的是民事法律关系的厘清和维护，而并非是犯罪预防。那么，我国是否需要把剥夺监护权上升到刑罚的高度呢？笔者认为，根据我国的国情，我国没有将剥夺监护权上升为刑罚的必要性和可行性。

从必要性来看，我国《民法总则》中撤销监护权的规定可以发挥与意大利刑法中剥夺亲权规定和瑞士刑法中剥夺教养权和监护权规定同等甚至更大的保护作用，因而没有将撤销监护权上升为刑罚的紧迫性。意大利刑法中的剥夺亲权以及瑞士刑罚中的剥夺教养权和监护权以行为人的行为构成犯罪为前提，而我国《民法总则》中的撤销监护权不以行为人的行为构成犯罪为前提，只要监护人实施了侵害被监护人权利或者因其他原因丧失监护能力，被监护人以及有关组织就可以提出撤销监护权的申请。可见，我国的规定比意大利、瑞士相关规定对被监护人的权利保护更为提前。另外，意大利刑法中的剥夺亲权仅注重有血缘关系的父母与子女的关系，对于其他类型的监护关系没有考虑，而我国《民法总则》中的撤销监护权涉及多种类型的监护关系，保护范围更广。美国也没有将剥夺亲权作为刑罚，而是将其放在家庭法中发挥作用。美国加利福尼亚州家庭法规定对于实施了重罪影响了亲权行使能力的犯罪人，法院可以剥夺其亲权。判断亲权行使能力受影响的因素主要是重罪的犯罪类型，这些犯罪类型包括暴力犯罪、对其他父母或者子女实施的犯罪、当着子女的面实施犯罪以及导致子女对父母产生害怕心理的犯罪。综上，我国《民法总则》中的规定能够较好地阻止监护人利用监护权对被监护人实施侵害行为，将撤销监护权上升为刑罚实属不必要，甚至还可能会降低其预防效果。

从可行性来看，我国缺乏直接将撤销监护权作为刑罚的家庭观念条件和社会条件。我国撤销监护权的规定与作为刑罚的剥夺亲权的主要区别在于国家机关介入监护关系的方式和程度不同。目前我国《民法总则》规定的撤销监护权需要由相关的个人或者组织提出申请，而如果以撤销监护权作为刑罚，那么法官可以根据刑法的规定直接判决或者自由裁量撤销犯罪人的监护权。可见，作为刑罚时，国家对监护关系的介入更为主动。根据当前我国的国情，国家还不具备对监护关系进行直接全面介入的家庭观念条件和社会条件。首先，在我国传统家庭观念看来，家庭关系一般是作为家庭私事不受干涉。即使是家庭成员之间互相侵害的行为，法律的干涉也是较为保守的。考虑到家庭成员关系的特殊性，对于家庭成员之间发生的侵害行为，法律的态度一般较为宽容，主要有两方面的表现：一是被动介入。刑法将虐待罪、暴力干涉婚姻自由罪作为亲告罪即是典型的表现；二是对于发生在家庭成员之间的侵害行为如故意伤害、故意杀人、盗窃等，处罚一般都比普通人之间发生的这些行为的处罚更为宽缓。从刑法对家庭成员之间相互侵害行为的处理态度可以看出，刑法是在尽量维护家庭关系的存续，以维护社会的稳定。如果将撤销监护权作为一种刑罚方法，则可能导致家庭关系发生重大变动，不利于维护社会的稳定。其次，剥夺监护权需要依赖健全的社会福利体系，在健全的社会福利体系尚未成熟之前，不宜大范围地剥夺监护权。监护既是一种权利又是一种义务，剥夺监护权既能让监护人丧失利用监护权对被监护人实施侵害行为的资格，又会使监护人免去对被监护人的监护职责，导致被监护人权利受损。因此，在撤下监护权之后还需要为被监护人寻找合适的其他监护人。虽然《民法总则》规定被监护人的其他亲人、朋友以及有关单位、组织都能成为其监护人，但是这些个人和组织的承受能力是有限的，如果有大量需要被监护的人，必然导致上述个人和组织不堪重负，被监护人也得不到最好的保护，不利于社会的稳定。我国人口数量众多，将剥夺监护权作为一种刑罚必定增加大量的需要转移监护权的被监护人，仅仅依靠个人或者某些单位、组织的力量无法消化这些需要被监护的人，需要建立一个更为健全的社会福利体系。但是目前我国的社会福利体系建设还处于初级阶段，一些最基本的福利体系建设还处于尝试阶段甚至尚未开始，关于监护方面的福利体系更为落后。在缺乏健全的福利体系保障的情况下，大量剥夺监护权不仅没有保护被监护人的利益，反而可能将其推向更黑暗的深渊。因此，当前我国还不宜将撤销监护权上升为刑罚。

参考文献

一、著作类

[1] [德] 孔德·凯塞尔:《犯罪学》, 赵可等译, 西北政法学院科研处 1976 年版。

[2] 高铭暄主编:《中国刑法学》, 中国人民大学出版社 1989 年版。

[3] 毛泽东:《毛泽东选集》(第 2 卷), 人民出版社 1991 年版。

[4] 马克昌主编:《中国刑事政策学》, 武汉大学出版社 1992 年版。

[5] 张金马:《政策科学导论》, 中国人民公安大学出版社 1992 年版。

[6] 邓小平:《邓小平文选》(第 3 卷), 人民出版社 1993 年版。

[7] 陈兴良:《刑种通论》, 人民法院出版社 1993 年版。

[8] 樊凤林主编:《刑罚通论》, 中国政法大学出版社 1994 年版。

[9] 张晋藩:《清朝法制史》, 法律出版社 1994 年版。

[10] 肖永清:《中国刑法史教程》, 法律出版社 1995 年版。

[11] 陈兴良:《刑法的启蒙》, 法律出版社 1998 年版。

[12] 高铭暄、赵秉志编:《新中国刑法立法文献资料总览》, 中国人民公安大学出版社 1998 年版。

[13] 陈振明:《政策科学——公共政策分析导论》, 中国人民公安大学出版社 1998 年版。

[14] 张希坡:《中华人民共和国刑法史》, 中国人民公安大学出版社 1998 年版。

[15] [法] 卡斯东·斯特法尼等:《法国刑法总论精义》, 罗结珍译, 中国政法大学出版社 1998 年版。

[16] 陈明华主编:《刑法学》, 中国政法大学出版社 1999 年版。

[17] 邱兴隆、许章润:《刑罚学》, 中国政法大学出版社 1999 年版。

［18］陈忠林：《意大利刑法纲要》，中国人民大学出版社 1999 年版。

［19］高铭暄主编：《新编中国刑法学》，中国人民大学出版社 1999 年版。

［20］《德国刑法典》，徐久生、庄敬华译，中国法制出版社 2000 年版。

［21］［法］米海依尔·戴尔玛斯·马蒂：《刑事政策的主要体系》，卢建平译，法律出版社 2000 年版。

［22］马克昌主编：《刑罚通论》，武汉大学出版社 2000 年版。

［23］吴平：《资格刑研究》，中国政法大学出版社 2000 年版。

［24］［日］大谷实：《刑事政策学》，黎宏译，法律出版社 2000 年版。

［25］张山新主编：《军事法学》，军事科学出版社 2001 年版。

［26］翟中东主编：《刑种适用中疑难问题研究》，吉林人民出版社 2001 年版。

［27］［日］野村稔：《刑法总论》，全理其、何力译，法律出版社 2001 年版。

［28］刘湘廉主编：《刑法学》，法律出版社 2002 年版。

［29］吴宗宪、陈志海、叶旦声等：《非监禁刑研究》，中国人民公安大学出版社 2003 年版。

［30］谢望原主编：《刑法学》，北京大学出版社 2003 年版。

［31］徐松林：《刑法学》，华南理工大学出版社 2003 年版。

［32］房清侠：《刑罚变革探索》，法律出版社 2013 年版。

［33］赵秉志主编：《刑罚总论问题探索》，法律出版社 2003 年版。

［34］［日］大塚仁：《刑法概说（总论）》，冯军译，中国人民大学出版社 2003 年版。

［35］［日］森本益、濑川晃、上田宽等：《刑事政策学》，戴波、江溯、丁捷译，中国人民公安大学出版社 2004 年版。

［36］徐安住：《财产刑研究》，中国检察出版社 2004 年版。

［37］《瑞士联邦刑法典》，徐久生、庄敬华译，中国方正出版社 2004 年版。

［38］邵维国：《罚金刑论》，吉林人民出版社 2004 年版。

［39］卢建平：《刑事政策与刑法》，中国人民公安大学出版社 2004 年版。

［40］冯军、李春雷：《外国刑法学概论》，中国民主法制出版社 2004 年版。

[41] 黎宏:《日本刑法精义》，中国检察出版社 2004 年版。

[42] 夏勇:《我国军事法学基础理论研究》，中国财经经济出版社 2005 年版。

[43] 刘远:《刑事政策哲学解读》，中国人民公安大学出版社 2005 年版。

[44] 梁根林:《刑事政策：立场与范畴》，法律出版社 2005 年版。

[45] 侯宏林:《刑事政策的价值分析》，中国政法大学出版社 2005 年版。

[46] 谢望原、卢建平:《中国刑事政策研究》，中国人民大学出版社 2006 年版。

[47] 陈兴良主编:《宽严相济刑事政策研究》，中国人民大学出版社 2007 年版。

[48] 张文显主编:《法理学》，高等教育出版社、北京大学出版社 2007 年版。

[49] 储槐植:《刑事一体化论要》，北京大学出版社 2007 年版。

[50] 高铭暄、马克昌主编:《刑法学》，北京大学出版社、高等教育出版社 2007 年版。

[51]《荷兰刑法典》，于志刚、龚馨译，中国方正出版社 2007 年版。

[52] 卢建平主编:《刑事政策学》，中国人民大学出版社 2007 年版。

[53] 张明楷:《外国刑法纲要》，清华大学出版社 2007 年版。

[54] 张亚平:《宽严相济刑事政策方略研究》，中国检察出版社 2008 年版。

[55] 郭理蓉:《刑罚政策研究》，中国人民公安大学出版社 2008 年版。

[56]《匈牙利刑法典》，陈志军译，中国人民公安大学出版社 2008 年版。

[57] 陈家林:《外国刑法通论》，中国人民公安大学出版社 2009 年版。

[58] 王洪青:《附加刑研究》，上海社会科学院出版社 2009 年版。

[59] 王琼:《罚金刑实证研究》，法律出版社 2009 年版。

[60]《俄罗斯联邦刑事法典》，赵路译，中国人民公安大学出版社 2009 年版。

[61] 高铭暄、赵秉志主编:《刑罚总论比较研究》，北京大学出版社 2009 年版。

[62] [意] 切萨雷·贝卡里亚:《论犯罪与刑罚》，黄风译，北京大学出版社 2009 年版。

［63］李卫红：《刑事政策学》，北京大学出版社 2009 年版。

［64］赵秉志、种松志、韩豫宛主编：《宽严相济刑事政策与和谐社会构建》，中国法制出版社 2009 年版。

［65］张文显：《法哲学通论》，辽宁人民出版社 2009 年版。

［66］《古巴刑法典》，陈志军译，中国人民公安大学出版社 2010 年版。

［67］《葡萄牙刑法典》，陈志军译，中国人民公安大学出版社 2010 年版。

［68］［俄］伊诺加莫娃·海格：《俄罗斯联邦刑法（总论）》，黄芳、刘阳、冯坤译，中国人民大学出版社 2010 年版。

［69］《塞尔维亚共和国刑法典》，王立志译，中国人民公安大学出版社 2011 年版。

［70］吴宗宪主编：《中国刑罚改革论（下册）》，北京师范大学出版社 2011 年版。

［71］［德］克劳斯·罗克辛：《刑事政策与刑法体系》，蔡桂生译，中国人民大学出版社 2011 年版。

［72］［法］雅克·博里康、朱琳编著：《法国当代刑事政策研究及借鉴》，中国人民公安大学出版社 2011 年版。

［73］高铭暄：《中华人民共和国刑法的孕育诞生与发展完善》，北京大学出版社 2012 年版。

［74］《斯洛文尼亚共和国刑法典》，王立志译，中国人民公安大学出版社 2012 年版。

［75］吴汉东主编：《法学通论》，北京大学出版社 2012 年版。

［76］顾肖容主编：《体系刑法学（刑罚论）》，中国法制出版社 2012 年版。

［77］李晓明主编：《中国刑法总论》，清华大学出版社 2012 年版。

［78］万志鹏：《没收财产刑研究》，法律出版社 2013 年版。

［79］于阜民主编：《刑法学》，科学出版社 2013 年版。

［80］马献钊：《宽严相济刑事政策实证研究》，法律出版社 2015 年版。

［81］齐文远主编：《刑法学》，北京大学出版社 2016 年版。

［82］张明楷：《刑法学》，法律出版社 2016 年版。

二、论文类

[1] 万山:《略论政策和法律的关系》,《法学》1958 年第 4 期。

[2] 张浩:《略论政策与法律的关系》,《北京政法学院学报》1982 年第 1 期。

[3] 李步云:《政策与法律关系的几个问题》,《现代法学》1984 年第 3 期。

[4] 侯宗源:《论法律与政策的关系》,《新疆社会科学》1985 年第 5 期。

[5] 于志:《驱逐出境不属于刑罚》,《政治与法律》1985 年第 3 期。

[6] 陈浩铨:《驱逐出境是行政强制措施》,《政治与法律》1986 年第 5 期。

[7] 冯艳蓉:《驱逐出境是一种刑罚方法》,《政治与法律》1986 年第 2 期。

[8] 李伟芳、王正超:《驱逐出境仅是一种刑罚吗?》,《政治与法律》1986 年第 6 期。

[9] 叶三方:《剥夺军衔初探》,《法商研究》1990 年第 2 期。

[10] 张明楷:《罚金刑若干问题的再思考》,《中国法学》1991 年第 4 期。

[11] 潘胜忠:《试论剥夺军衔刑》,《法律科学》1991 年第 1 期。

[12] 李学斌、薛静:《论我国刑事政策与刑法的关系》,《青海社会科学》1992 年第 2 期。

[13] 张瑞幸、管应时:《重建我国刑法中资格刑体系的构想》,《宁夏社会科学》1993 年第 4 期。

[14] 彭波:《建议增设职业禁止的规定》,《政治与法律》1994 年第 4 期。

[15] 赵廷光:《关于用罚金替代短期自由刑的可行性研究》,《中外法学》1995 年第 2 期。

[16] 马克昌:《论刑罚的功能》,《武汉大学学报(哲学社会科学版)》1995 年第 4 期。

[17] 该刊特约评论员:《1996:全国严打统一行动》,《时事报告》1996 年第 10 期。

［18］阮齐林:《论财产刑的正当理由及其立法完善》,《中国法学》1997 年第 1 期。

［19］李洁:《论中国罚金刑的改革方向》,《吉林大学社会科学学报》1997 年第 1 期。

［20］陈兴良:《刑事政策视野中的刑罚结构调整》,《法学研究》1998 年第 6 期。

［21］王玉杰:《单位犯罪的刑罚原则》,《中国刑事法杂志》1998 年第 4 期。

［22］陈兴良:《资格刑比较研究》,《法学研究》1990 年第 6 期。

［23］谢望原:《实然的刑罚目的与应然的选择》,《浙江社会科学》2000 年第 5 期。

［24］李洁:《罚金刑适用若干问题研究》,《吉林大学社会科学学报》2000 年第 5 期。

［25］方文军:《没收财产刑的主要弊端及其立法完善》,《中国刑事法杂志》2000 年第 6 期。

［26］韩轶:《对必并制罚金刑立法的思考》,《法商研究》2000 年第 5 期。

［27］吴平:《论驱逐出境》,《浙江师范大学学报（社会科学版）》2000 年第 4 期。

［28］王明建:《建议设立单位犯罪资格刑》,《检察实践》2000 年第 3 期。

［29］翟中东:《驱逐出境司法问题研究》,《河南公安高等专科学校学报》2001 年第 1 期。

［30］陈兴良:《刑罚目的新论》,《华东政法学院学报》2001 年第 3 期。

［31］杨彩霞:《没收财产刑的困境与出路》,《华东政法大学学报》2001 年第 4 期。

［32］罗佩杰、刘昌松:《“剥夺军衔”附加刑不应继续适用》,《法学杂志》2001 年第 1 期。

［33］马登民、张长红:《德国刑事政策的任务、原则及司法实践》,《政法论坛》2001 年第 6 期。

［34］蒋兰香:《论没收财产刑的立法完善》,《政法学刊》2001 年第 1 期。

[35] 李洁:《论一般没收财产刑应予废止》,《法制与社会发展》2002 年第 3 期。

[36] 李洁:《罚金刑之数额规定研究》,《吉林大学社会科学学报》2002 年第 1 期。

[37] 林亚刚、周娅:《罚金刑易科制度探析》,《法制与社会发展》2002 年第 1 期。

[38] 汪红飞:《罚金刑适用范围之立法评析》,《中国刑事法杂志》2002 年第 4 期。

[39] 吴平:《论剥夺政治权利的性质的定位》,《浙江师范大学学报》2002 年第 1 期。

[40] 薛进展:《单位犯罪刑罚的适用与思考》,《法学》2002 年第 9 期。

[41] 胡隽:《论单位犯罪刑罚体系之完善》,《江西公安专科学校学报》2002 年第 4 期。

[42] 陈贵荣:《关于剥夺政治权利刑罚的适用和执行的法律思考》,《犯罪研究》2003 年第 3 期。

[43] 周光富:《罚金刑执行难之克服》,《政治与法律》2003 年第 6 期。

[44] 马松建:《论剥夺政治权利刑的完善》,《河南师范大学学报(哲学社会科学版)》2003 年第 1 期。

[45] 吴平:《“可以附加剥夺政治权利”的范围剖析》,《杭州商学院学报》2003 年第 1 期。

[46] 卢小毛:《罚金刑的立法发展与缺陷》,《江苏警官学院学报》2003 年第 2 期。

[47] 于佳佳:《单位犯罪刑罚体系的探究——以单位刑事责任的追究为视角》,《河北法学》2004 年第 2 期。

[48] 吴平:《增设以单位犯罪为适用对象的资格刑刍议》,《福建政法管理干部学院学报》2004 年第 1 期。

[49] 邱景辉:《罚金刑执行与监督若干问题研究》,《人民检察》2004 年第 2 期。

[50] 冉巨火:《“剥夺军衔”仍应依法执行》,《法学杂志》2004 年第 6 期。

[51] 吴平:《剥夺政治权利的刑期计算问题探讨》,《甘肃政法学院学报》

2004 年第 2 期。

［52］何俊：《剥夺政治权利立法问题浅议》，《广西社会科学》2005 年第 12 期。

［53］苏彩霞：《刑法国际化视野下的我国刑法理念更新》，《中国法学》2005 年第 2 期。

［54］刘飞宇：《对于刑法中剥夺政治权利的宪法学思考》，《法学家》2005 年第 1 期。

［55］杨征军、张景荪：《剥夺政治权利执行难问题探讨》，《北京政法职业学院学报》2005 年第 2 期。

［56］袁林：《单位犯罪罚金刑适用的再思考》，《西南民族大学学报（人文社科版）》2005 年第 9 期。

［57］人民检察学习问答组：《被剥夺政治权利的监外罪犯不遵守规定应当如何处理》，《人民检察》2006 年第 20 期。

［58］李永升、陈伟：《我国法治视野下刑罚目的的理性选择》，《河南科技大学学报（社会科学版）》2006 年第 1 期。

［59］刘松山：《宪法文本中的公民“政治权利”——兼论刑法中的“剥夺政治权利”》，《华东政法学院学报》2006 年第 2 期。

［60］刘志伟：《完善没收财产刑执行制度的若干建议》，《中州学刊》2006 年第 2 期。

［61］钱叶六：《论中国罚金刑的改革与完善——以探寻罚金刑执行难之解决方案为视角》，《法学论坛》2006 年第 4 期。

［62］吕天奇、何显兵：《论剥夺政治权利刑内容的改革》，《社会科学研究》2006 年第 3 期。

［63］马克昌：《宽严相济刑事政策刍议》，《人民检察》2006 年第 10 期。

［64］先泽洪：《被剥夺政治权利的监外罪犯不遵守规定应当如何处理》，《人民检察》2006 年第 20 期。

［65］谢望原、肖怡：《中国刑法中的“没收”及其缺憾与完善》，《法学论坛》2006 年第 4 期。

［66］左坚卫、阴建峰：《论我国罚金刑执行制度的完善》，《四川警官高等专科学校学报》2006 年第 4 期。

［67］陈兴良：《宽严相济刑事政策研究》，《法学杂志》2006 年第 1 期。

［68］段孝刚:《论剥夺政治权利刑的不确定性》,《福建公安高等专科学校学报》2006 年第 3 期。

［69］冯亚东:《罪刑关系的反思与重构——兼谈罚金刑在中国现阶段之适用》,《中国社会科学》2006 年第 5 期。

［70］高长富:《论罚金刑的理论重构》,《吉首大学学报（社会科学版）》2006 年第 5 期。

［71］宫厚军:《刍议我国罚金刑之完善》,《法学论坛》2006 年第 4 期。

［72］储槐植、赵合理:《国际视野下的宽严相济刑事政策》,《法学论坛》2007 年第 3 期。

［73］崔进文:《被剥夺政治权利的社区矫正对象之监管》,《中国检察官》2007 年第 6 期。

［74］冯卫国、刘莉花:《关于单位犯罪罚金刑适用的几点思考》,《山东警察学院学报》2007 年第 3 期。

［75］高汉成:《罚金刑在近代刑法中的确立——以 1907 年大清刑律草案的相关规定为视点》,《政法论坛》2007 年第 4 期。

［76］朱志峰:《日本现行罚金刑制度及发展趋向考察》,《当代法学》2007 年第 5 期。

［77］吴宗宪:《解读宽严相济的刑事政策》,《中国人民公安大学学报（社会科学版）》2007 年第 1 期。

［78］王志祥、姚兵:《论我国单位犯罪刑罚制度的建构》,《河北大学学报（哲学社会科学版）》2007 年第 6 期。

［79］马克昌:《论宽严相济刑事政策的定位》,《中国法学》2007 年第 4 期。

［80］刘飞宇、黎建锋:《对“曾被剥夺政治权利的人员禁止在娱乐场所从业”规定的若干质疑》,《山东社会科学》2007 年第 2 期。

［81］林艺聪:《驱逐出境制度类型、标准与整合》,《浙江大学学报（人文社会科学版）》2008 年第 2 期。

［82］马克昌:《宽严相济刑事政策的演进》,《法学家》2008 年第 5 期。

［83］卢小毛:《罚金刑: 困境与出路》,《南京审计学院学报》2008 年第 1 期。

［84］万志鹏:《没收财产刑废止论——从历史考察到现实分析》,《安徽大

学学报（哲学社会科学版）》2008 年第 5 期。

［85］于志刚:《关于罚金刑易科制度的批判性思考》,《法学评论》2008 年第 2 期。

［86］赵秉志:《和谐社会构建与宽严相济刑事政策的贯彻》,《吉林大学社会科学学报》2008 年第 1 期。

［87］邓文莉:《罚金刑的地位及配置范围之探讨》,《法学杂志》2008 年第 5 期。

［88］邓文莉:《罚金刑配置模式之研究》,《法学评论》2008 年第 4 期。

［89］狄世深:《刑事政策概念新探》,《河北法学》2008 年第 3 期。

［90］高铭暄、孙晓:《宽严相济刑事政策与罚金刑改革》,《法学论坛》2009 年第 2 期。

［91］吴献萍:《罚金刑在环境犯罪中的适用》,《法学杂志》2009 年第 7 期。

［92］万志鹏:《没收财产刑的司法困境与出路》,《湘潭大学学报（哲学社会科学版）》2009 年第 5 期。

［93］孟庆华:《剥夺政治权利的适用范围若干问题探讨》,《信阳师范学院学报（哲学社会科学版）》2009 年第 3 期。

［94］骆群、戴晓东:《社区矫正中剥夺政治权利的困惑与出路》,《河南司法警官职业学院学报》2009 年第 3 期。

［95］刘明祥:《论解决罚金刑执行难题的立法途径》,《法学家》2009 年第 2 期。

［96］吴常青:《对“预交罚金”做法的反思》,《法学》2010 年第 3 期。

［97］陈冰琪:《对“剥夺政治权利犯”社区矫正的几点看法》,《学理论》2010 年第 30 期。

［98］高永明:《罚金刑的基底性批判——罚金刑执行难的另一种解读》,《河北法学》2014 年第 10 期。

［99］李希慧:《论刑罚的目的及其实现》,《法治研究》2011 年第 2 期。

［100］何显兵:《论没收财产刑的改革与完善——以绵阳市最近三年司法统计数据为例》,《中国刑事法杂志》2011 年第 1 期。

［101］蔡霞:《论我国公司犯罪刑罚体系的完善——以中美公司犯罪刑罚方法比较为视角》,《特区经济》2011 年第 10 期。

［102］ 万志鹏、黄晓斌：《论没收财产刑中的“财产”》，《中国刑事法杂志》2011 年第 4 期。

［103］ 王志祥、敦宁：《刑罚配置结构调整论纲》，《法商研究》2011 年第 1 期。

［104］ 李怀胜：《禁止令的法律性质及其改革方向》，《中国刑事法杂志》2011 年第 11 期。

［105］ 何云鹏：《〈大清新刑律〉对日本刑法的继受及其反思》，《延边大学学报（社会科学版）》2011 年第 2 期。

［106］ 黎宏：《完善我国单位犯罪处罚制度的思考》，《法商研究》2011 年第 1 期。

［107］ 卢建平：《刑事政策与刑法关系论纲》，《法治研究》2011 年第 5 期。

［108］ 朱赟：《关于加强剥夺政治权利执行工作的若干思考——以上海市某区为视角》，《法制与社会》2012 年第 21 期。

［109］ 王联合：《论单位犯罪的复合主体》，《中国刑事法杂志》2012 年第 6 期。

［110］ 李小萍：《剥夺政治权利“溢出性使用”的限度——以〈教师法〉为例》，《法学杂志》2012 年第 12 期。

［111］ 史丹如：《罚金刑执行的改革问题探究》，《中国人民公安大学学报（社会科学版）》2012 年第 6 期。

［112］ 张明楷：《论刑法中的没收》，《法学家》2012 年第 3 期。

［113］ 李洁：《死刑并科财产刑的实质根据质疑》，《当代法学》2013 年第 6 期。

［114］ 李友根：《美国惩罚性赔偿制度的宪法争论——过重罚金条款与我国的惩罚性赔偿制度》，《法学论坛》2013 年第 3 期。

［115］ 刘晓莉：《无限额罚金刑的司法适用及其未来展望——以生产、销售假药罪为视角》，《当代法学》2013 年第 5 期。

［116］ 饶龙飞：《论剥夺政治权利内容的不确定性——基于学说述评及规范文本分析视角》，《井冈山大学学报（社会科学版）》2013 年第 1 期。

［117］ 饶龙飞：《论言论自由的政治权利属性——基于法解释方法维度的思考》，《广西政法管理干部学院学报》2013 年第 6 期。

［118］万志龙:《关于剥夺军衔的理论争议评析》,《西安政治学院学报》2013年第1期。

［119］刘凯:《罚金刑执行难问题及其解决对策》,《学习与探索》2013年第6期。

［120］王衍松、吴优:《罚金刑适用研究——高适用率与低实执率之二律背反》,《中国刑事法杂志》2013年第6期。

［121］熊谋林、陈丹、唐清利:《困境与展望:罚金刑应用的中国化研究》,《社会科学研究》2013年第3期。

［122］熊谋林:《我国罚金刑司法再认识——基于跨国比较的追踪研究（1945—2011）》,《清华法学》2013年第5期。

［123］江国华:《论“四项基本权利”及其刑罚向度》,《武汉大学学报（哲学社会科学版）》2013年第6期。

［124］张永强:《规范与进路:预防本位下刑法禁止令之定性》,《西南政法大学学报》2013年第5期。

［125］叶良芳:《理性选择理论视角下经济犯罪罚金数额的确定》,《中国刑事法杂志》2013年第5期。

［126］龙长海:《一般没收财产刑:俄罗斯经验与中国现实》,《社会科学》2013年第2期。

［127］孙万怀:《宽严相济刑事政策应回归为司法政策》,《法学研究》2014年第4期。

［128］王能武、马荣春:《再论单位犯罪双罚制的根据》,《人民论坛》2014年第29期。

［129］赵秉志、袁彬、商浩文:《关于〈刑法修正案（九）（草案）〉的修改意见》,《刑法论丛》2014年第4期。

［130］高旭、张阳:《金融犯罪罚金刑的升格和配置研究》,《中国刑事法杂志》2014年第6期。

［131］黄风:《论“没收个人全部财产”刑罚的废止——以追缴犯罪资产的国际合作为视角》,《法商研究》2014年第1期。

［132］王能武、马荣春:《论单位犯罪的刑种完善与增设》,《江西警察学院学报》2014年第6期。

［133］饶龙飞:《我国现行宪法中“政治权利”的概念解读——基于文义

解释的维度》，《山东科技大学学报（社会科学版）》2015 年第 1 期。

［134］苏永生：《变动中的刑罚结构——由《刑法修正案（九）》引发的思考》，《法学论坛》2015 年第 5 期。

［135］王恩海：《在剥夺政治权利期间又犯新罪的处理——对最高人民法院〈关于在执行附加刑肃夺政治权利期间犯新罪应如何处理的批复〉的质疑》，《东方法学》2015 年第 5 期。

［136］叶良芳、应家赟：《论有前科者从业禁止及其适用》，《华北水利水电大学学报（社会科学版）》2015 年第 4 期。

［137］何丽娜：《附加剥夺政治权利的具体适用问题探讨》，《华南理工大学学报（社会科学版）》2015 年第 5 期。

［138］刘夏：《保安处分视角下的职业禁止研究》，《政法论丛》2015 年第 6 期。

［139］徐科雷：《罚款与罚金在经济法责任体系中的辨析与整合》，《政治与法律》2015 年第 3 期。

［140］康均心、秦继红：《关于“禁止从事特定职业”若干问题的思考——以〈刑法修正案（九）〉为视角》，《社会科学家》2016 年第 4 期。

［141］李晓磊：《罪犯执行财产义务与减刑、假释审理联动机制之研究》，《西南政法大学学报》2016 年第 3 期。

［142］卢建平、孙本雄：《刑法职业禁止令的性质及司法适用探析》，《法学杂志》2016 年第 2 期。

［143］马梅凤：《预防视阈下禁止令适用对象的新探索——以〈刑法修正案（八）〉和〈刑法修正案（九）〉为切入点》，《学术论坛》2016 年第 5 期。

［144］闪辉：《刑事职业禁止的定性与适用——对〈刑法修正案（九）〉第 1 条的解释》，《东方法学》2016 年第 2 期。

［145］刘志伟、宋久华：《论刑法中的职业禁止制度》，《江西社会科学》2016 年第 1 期。

［146］王堃：《剥夺政治权利刑的宪法学反思与改良》，《政治与法律》2016 年第 6 期。

［147］武晓雯：《论〈刑法修正案（九）〉关于职业禁止的规定》，《政治与法律》2016 年第 2 期。

［148］尹晓闻：《禁止或限制从事职业与资格刑的构建——兼评〈刑法修

正案（九）草案〉第一条》，《井冈山大学学报（社会科学版）》2016 年第 2 期。

［149］于志刚：《从业禁止制度的定位与资格限制、剥夺制度的体系化——以〈刑法修正案（九）〉从业禁止制度的规范解读为切入点》，《法学评论》2016 年第 1 期。

［150］陈翠玉：《古典自然法学派财产权建构的两条路径及其启示》，《法制与社会发展》2017 年第 4 期。

［151］王吉春：《“剥夺政治权利”的缺陷及其适用——兼论社区矫正的必要性》，《江西警察学院学报》2017 年第 5 期。

［152］徐巧巧：《剥夺政治权利刑的立法问题研究》，《鸡西大学学报》2017 年第 1 期。

［153］张震：《对剥夺政治权利的宪法性思考》，《广西政法管理干部学院学报》2017 年第 3 期。

［154］劳佳琦：《财产性判项与减刑、假释的联动机制》，《中外法学》2018 年第 3 期。

［155］林燕焱：《财产刑适用的实证分析》，中国政法大学博士学位论文 2006 年。

［156］李元鹤：《刑事政策论纲》，西南政法大学博士学位论文 2008 年。

［157］王洪青：《附加刑研究》，华东政法大学博士学位论文 2008 年。

［158］万志鹏：《没收财产刑研究》，西南政法大学博士学位论文 2010 年。

［159］尹晓闻：《我国资格刑制度完善研究》，华南理工大学博士学位论文 2016 年。

［160］廖安生、杨健：《被剥夺政治权利的罪犯能发表作品吗》，《解放日报》2002 年 4 月 5 日。

［161］姚洪华、高列虎：《被剥夺政治权利的人享有著作权吗》，《法制日报》2003 年 9 月 17 日。

［162］钮东昊：《最高检副检察长谈检察机关贯彻宽严相济刑事政策》，《检察日报》2008 年 3 月 7 日。

［163］李信华：《职务犯罪应当剥夺政治权利》，《江苏法制报》2011 年 10 月 20 日。

［164］李占通、李松龙：《罚金刑在执行中存在的问题及对策建议——河

南省三门峡市中级人民法院关于罚金执行情况的调研及分析》，《中国改革报》2013 年 11 月 15 日。

［165］ 尚亚杰：《被剥夺政治权利罪犯不属社区矫正对象》，《检察日报》2013 年 3 月 22 日。

［166］ 张劲、朱国勤：《剥夺政治权利罪犯监外执行需规范》，《检察日报》2015 年 9 月 11 日。

［167］ 张莹寅、朱孟超、周萍：《剥夺政治权利罪犯监外执行需规范》，《江苏法制报》2016 年 9 月 1 日。